Ich sag's mal so …

Kurzgeschichten von Gabriele Walter

Die Autorin

Im Jahre 1954 wurde sie in Schwäbisch Hall geboren. Ihre Kindheit und Jugend verbrachte sie in Schwäbisch Gmünd. 1973 heiratete sie. 1981 zog die Familie ins Nördlinger Ries. Bereits als Teenager schrieb sie Kurzgeschichten für ihre Freundinnen. Nach der Schulzeit wollte sie ihren größten Wunsch, Schriftstellerin zu werden, in die Tat umsetzen. Doch das Leben kam dazwischen. Erst Jahre später gelangte sie nach einigen Umwegen in eine Situation, die sie erkennen ließ, dass allein das Schreiben genau das war, was sie schon immer tun wollte. Und so wurde es zu einem wesentlichen Teil ihres Lebens.

Während ihrer jahrelangen beruflichen Tätigkeit als Einzelhandelskauffrau, Ausbilderin und Seminarleiterin durfte sie Menschen aus unterschiedlichen sozialen Schichten kennenlernen und zwischenmenschliche Erfahrungen sammeln, die sich in ihren Romanen widerspiegeln.

Ihre Romane handeln von der Liebe, die stets geheimnisvoll und zuweilen sogar gefährlich sein kann, von Schicksalen, wie sie einem täglich begegnen und mystischen Ereignissen, die der Verstand mitunter nur schwer erklären kann. Es geht jedoch immer um Frauenschicksale. Starke, schwache, träumende, liebende und mit dem Schicksal hadernde Frauen.

Bibliografische Information der Deutschen Nationalbibliothek:
Die Deutsche Nationalbibliothek verzeichnet diese Publikation in
der Deutschen Nationalbibliografie; detaillierte bibliografische Daten sind im Internet über http://dnb.dnb.de abrufbar.

Lektorat:
Henrike Straub

Fotografie / Covergestaltung:
Envato Elements / CreativDesigns

Verlag:
BoD · Books on Demand GmbH, In de Tarpen 42,
22848 Norderstedt
Druck:
Libri Plureos GmbH, Friedensallee 273, 22763 Hamburg

ISBN:
978-3-7693-1559-2

Impressionen

Sonnenaufgang

Nebelschwaden kriechen über den Boden, heben sich langsam, zerreißen und schweben dahin wie Gespenster der Nacht, während sich die Sonne bereits am Horizont bemerkbar macht.

Immer wieder aufs Neue faszinierend, diese grellstrahlend gelbe Kugel aus einem Meer von Farben auftauchen zu sehen. Zu so früher Stunde zeigt sich ein breites Band von hellem Orange, das nach und nach in kräftige Rottöne übergeht. Die Palette reichte von lebhaftem Karmesinrot bis hin zu dunklem Aubergine. Momente magischen Lichts, die man am liebsten mit Pinsel und Farbe auf eine Leinwand bannen möchte.

Es scheint, als würde der Himmel brennen, damit Gott sich die Hände daran erwärmen kann.

Eine Amsel sitzt, ihr Morgenlied zwitschernd, auf der Spitze des über hundert Jahre alten Birnbaums, dessen knorrige, in ein weißes Blütengewand gekleideten Äste, sich in neu erwachter Lebenskraft gen Himmel recken. Oh, schau nur, da flieht ein Eichhörnchen auf seinen nackten Pfötchen über die Wiese zu den nahen Tannen. Verlockend der Gedanke, ebenfalls barfuß über das satte Grün des vom Tau benetzten Rasens zu schlendern und den Füßen ein Erlebnis der besonderen Art zu gönnen.

Wie verzaubert wirkt das filigran gesponnene Rad einer Spinne, das von nächtlichen Tautropfen benetzt im ersten Morgenlicht glitzert, als wäre es mit kleinen Saphiren, Smaragden und Brillanten besetzt.

Quirliges Plätschern lockt zum schmalen Bachlauf am Rande des Gartens und lädt zum Verweilen ein. Sanft dahinfließendes klares Wasser und das Säuseln der Blätter in den Baumwipfeln wirken beruhigend und gleichzeitig erquickend. Da! Eine blau-grün schimmernde Libelle fliegt pfeilschnell über dem Bächlein hin und her, bevor sie sich auf dem Blütenstängel einer Wasserlilie niederlässt. Ein zauberhafter Augenblick.

Noch fühlt sich die Luft wunderbar frisch und kühl an. Der Duft nach feuchtem Gras tanzt auf einer sanften Brise und umschmeichelt die Nase des Betrachters. Ein tiefer Atemzug füllt die Lungen mit unverbrauchtem Sauerstoff.

Die Zeit scheint still zu stehen, um dem Betrachter Raum zum Genießen zu schenken.

Abendstimmung

Kein noch so kleines Wölkchen unterbricht die unendliche Weite des wolkenfreien Himmels. Obwohl ein laues Lüftchen die Hitze des Tages auf wohltuende Weise vergessen lässt, ist es immer noch angenehm warm.

Das Leben pulsiert nur noch leise und doch ist es so präsent. Schmetterlinge flattern von Blüte zu Blüte und Vögel suchen sich ihren Weg hoch oben am Himmel oder sitzen an Dachgiebeln und zwitschern ihr Abendlied. Irgendwo zirpt eine Grille. Bienen und Hummeln summen, brummen und laben sich an mannigfaltigen Blütenstauden, angelockt von deren süßen Düften und der überwältigenden Farbenpracht.

Ja, die Luft ist erfüllt vom Duft des Sommers. Wortfetzen und fröhliches Kinderlachen lassen darauf schließen, dass die Nacht den Tag noch nicht vertrieben hat. Glockengeläut aus der Ferne – achtmal, zum Dank für ein gelungenes Tagwerk.

Im Westen, wo die Sonne langsam untergeht, taucht ein prächtiges Abendrot aus allen Facetten von Rottönen den Horizont in ein magisches Licht. Immer wieder, sowie die Sonne sinkt, blinkt ihr goldener Schein durch die Zweige der Bäume. Doch unaufhaltsam neigt sich der Tag vor den Schatten der Nacht.

Ab und zu noch das kurze Zwitschern eines Vogels wie das Aufbegehren gegen die zunehmende Dunkelheit oder einen Gefährten, der ihm seinen Platz streitig machen will. Bienen und Hummeln schweigen und auch die Schmetterlinge haben sich einen Platz für die Nacht gesucht. Kein Kinderlachen durchbricht die Stille. Allein das Zirpen der Grillen und das sanfte Rascheln der Blätter bleibt, als im Westen der Abendstern blinkt und sich im Osten die Sichel des Mondes zeigt.

Der Frühling lässt grüßen

Leise, seltsam angenehme Töne wecken mich aus noch leichtem Schlummer. Vogelstimmen! Mein Herz öffnet sich vor Freude über das Erkennen. Endlich! Spontan werfe ich die Decke zurück und erhebe mich. So früh am Morgen ist es noch kühl. Mich fröstelt. Ich ziehe die Wolldecke vom Sessel und hülle mich darin ein, bevor ich das Fenster öffne und das erste Vogelkonzert genieße.

Es dämmert bereits, die Nächte werden kürzer und die Tage früher hell. Während ich den Duft des mit Tau bedeckten Grases tief einatme, entdecke ich die ersten gelb blühenden Winterlinge und Knospen an meiner Kornelkirsche. Frühling kommt mit großen Schritten. Über Nacht scheint die Welt noch schöner geworden und ich denke, *noch wenige Tage und der Himmel wird scheinbar weiter sein und die Sonne wird heller strahlen.*

***

Und dann ist es so weit, am Zaun zum Nachbarn blüht die Forsythie. Lila- und rosafarbene Krokusse tragen ihre zarten Blüten zur Schau. Während sich bei den Tulpen, deren Zwiebeln ich im Herbst gesetzt habe, versteckt zwischen Blättern erste spitze Köpfchen zeigen, strahlen die vielfältigen Narzissen bereits wie kleine Sonnen. Bodendecker wie Teppiche lassen den Steingarten mit ihrem zauberhaften Liebreiz lebendig werden und locken durch ihren berauschenden Duft Bienen und Hummeln an. Auch erste Schmetterlinge tanzen durch die laue Luft.

Höchste Zeit, dem Ruf der Natur zu folgen und früh morgens, wenn alles noch schläft, barfuß übers taubenetzte Gras zu streifen. Wunderbar zu spüren, wie neue Lebensgeister durch die Fußsohlen in den Körper kriechen.

Frühling lässt sein blaues Band …

Sommer

Endlich Sommer! Gleißendes Licht, wohltuende Schatten unter ausgeblichen Sonnenschirmen, heiße Pflastersteine, Gerüche nach Schweiß, Deo, Sonnenmilch und Eiscreme liegen in der Luft. Bunte und luftig leichte Sommerkleider flattern bei der geringsten Bö wie Fähnchen im Wind. Mit mir und der Welt zufrieden, lehne ich mich auf dem Bistrostuhl vor der Eisdiele zurück und schließe einige Sekunden glückselig die Augen. „Ja!", flüstert mein Herz und ich atme einmal tief ein. Trotz der mit Auspuffgasen vermischten Luft liebe ich das sommerliche Treiben in der Stadt. Daran kann auch laute Musik aus Autoradios und der Krach getunter Karren nichts ändern. Sommer in der Stadt bedeutete Trubel und pure Lebensfreude.

Auf dem Land dagegen: friedvolle Ruhe und Entspannung – die ich mir dann auch eine Stunde später in meinem Garten gönne. Unter schattenspendenden Bäumen, im Liegestuhl räkelnd und vor mich hindösend genieße ich den unverkennbaren Duft des Hollunders und lausche dem Gesang der Vögel. Geradezu paradiesisch wäre es, würden diese hartnäckigen, ständig wiederkehrenden, um die Ohren surrenden Fliegen den menschlichen Körper nicht allzu gerne als geeigneten Landeplatz bevorzugen. Verjagt man eine, landet bereits die nächste.

Doch auch das gehört zum Sommer.

Wandert die Sonne dann über den westlichen Himmel gen Norden und lässt etwas von ihrer Wärme zurück, verabschiede ich einen wundervollen Sommertag – vielleicht mit einem Glas Wein, aber ganz sicher mit Dankbarkeit in meinem Herzen.

Der Herbst zieht ins Land

Schummriges Licht kriecht in mein Zimmer, noch viel zu früh, um aufzustehen. Gähnend recke und strecke ich meine Glieder und reibe mir den Schlaf aus den Augen. Ich atme einmal tief ein und wieder aus. Irgendetwas ist heute anders. Mein Blick sucht das beleuchtete Zifferblatt des Weckers. Fünf vor sechs. Müsste es um diese Zeit nicht schon heller sein? Und die Stille wirkt irgendwie beklemmend. Kein Laut dringt durch das offene Fenster, kein Vogelgezwitscher. Kühl ist es geworden. Ich rubble meine nackten Oberarme. Ach ja – Mitte September – der Herbst zieht ins Land. Die Tage werden kürzer.

Als die Glocken vom Kirchturm die sechste Stunde einläuten, schlage ich die Bettdecke zurück und erhebe mich. Weil mich fröstelt, greife ich zum ersten Mal seit langem nach meinem Morgenmantel und werfe einen Blick aus dem Fenster.

Nebelschwaden kriechen über den Boden, heben sich langsam, zerreißen und schweben dahin wie Gespenster der Nacht.

Gemächlich schlendere ich in die Küche und schalte die Kaffeemaschine ein. Gedankenverloren höre ich dem Geblubbere und Gezische zu, während ich erneut einen Blick aus dem Fenster werfe. Im Osten zeigt sich inzwischen ein zartrosa Band am Horizont, das in Gelb übergehend in den nun bereits hellblauen Himmel entflieht. Noch verbirgt sich die Sonne hinter den rosa Schlieren.

Ich gieße dampfenden Kaffee in meine Lieblingstasse, begebe mich hinaus auf die Terrasse und setze mich in den Strandkorb, den ich im Frühjahr erstanden habe. Eine leichte Brise streichelt mein Gesicht, das ich der aufgehenden Sonne zuwende. Immer wieder aufs Neue faszinierend, dieses morgendliche Schauspiel der strahlend gelben Kugel. Doch heute vermisse ich dieses Meer an Farben, das helle Orange, das nach und nach in kräftige Rottöne übergeht. Momente magischen Lichts, die man am liebsten mit Pinsel und Farbe auf eine Leinwand bannen möchte.

Da! Ein klägliches Krächzen aus einem der Bäume. Noch zu müde, um zu zwitschern? Und wen sehe ich denn da auf leisen Sohlen zu mir heranschleichen? Lady, die Katze der Nachbarin, kommt vom nächtlichen Streifzug und ehe ich mich versehe, springt sie hoch in meinen Schoß und kuschelt sich an mich. In Anbetracht der beiden Lebenszeichen lehne ich mich beruhigt zurück, kraule Lady hinter den Ohren, während ich dem Rascheln der Blätter lausche und die Bäume und Sträucher betrachte, deren Laub sich bereits gelb, an manchen Stellen sogar schon rötlich färbt.

Ein Lächeln stiehlt sich auf meine Lippen, als ich mich dem leise plätschernden Bachlauf zuwende, der im Licht der ersten Sonnenstrahlen wie verzaubert glitzert, als läge ein wertvoller Schatz darin verborgen.

Wieder eine Brise, stärker als die erste. Einige Blätter flattern zu Boden. Die Natur entkleidet sich, um sich zur Ruhe zu begeben. Bald wird mein Garten von bunten Blättern übersät sein und die meisten Bäume und Sträucher werden ihre entblößten Zweige gen Himmel recken. Dann schläft die Natur, sammelt Kraft, um sich im nächsten Frühling mit neu gewonnener Energie zu entfalten und uns mit saftigem Grün und bunten Farben zu erfreuen.

Ich nehme einen letzten Schluck Kaffee und setze Lady auf die Wiese. Sie zieht maunzend und beleidigt ab, während ich mich erhebe und ins Haus zurückgehe.

Doch ein wenig kühl heute Morgen!

Winter am See

Nebelschwaden ziehen wie graue Schleier über die See, zerreißen, winden sich und kriechen gierig an Land.

Unerwartet starker Wind reißt der Spaziergängerin das Wolltuch vom Haupt und peitscht die unzähmbaren Wellen auf, die sich wie Ungeheuer aus der scheinbaren Ruhe der unendlichen Weite immer wieder zischend und klatschend ans Ufer graben.

Künstler wie Nolde, Pechstein, Beckmann und viele mehr wurden durch diese Verbindung von Harmonie und Urgewalt zu wunderbaren Gemälden inspiriert. Dichter haben sie mit großen Worten beschrieben. Eisige Gischt sticht wie spitze Nadeln auf die Haut des unbedeckten Gesichts. Doch klare, saubere Luft lässt die Lungen weit werden. Störenden Gedanken entfliehen und lassen den Gedanken freien und ungebundenen Lauf. Hier, unter dem noch düsteren Himmel und in Anbetracht der scheinbar unbegrenzten See, scheint das Leben fern von allem Übel und aller Sorge zu sein.

Da! Noch kämpft die Nacht mit dem Tag, doch schon beginnen die ersten schwachen Sonnenstrahlen das graue Gespinst zu durchdringen. Bald wird sich der Winterhimmel in einem strahlenden Kleid aus zartem rosa und lila zeigen.

Kreischende Möwen begleiten die heimkehrenden Fischerbote und Krabbenkutter und stürzen sich gierig auf alles Essbare, das die Fischer dem Meer zurückgeben. Schon in Sichtweite, wird es nicht mehr lange dauern, bis sie am nahe gelegenen Kai des Hafens anlegen werden.

Die Spaziergängerin lächelt, atmet noch einmal tief ein und wickelt das wärmende Wolltuch enger um ihren fröstelnden Körper. Sie schließt einen Moment genießerisch die Augen. Es wird Zeit nach Hause zu gehen. Dort wartet eine heiße Tasse Tee.

Himmelsflug

Grau und dunkel hängen Nimbostratus Wolken über dem Flugfeld. In den leicht, aber typisch riechenden Kerosinpfützen schimmern Regenbogenfarben. Nachdem der Pilot während eines Rundgangs um das Flugzeug den Preflight-Check hinter sich gebracht hat, schwingt er sich in die Maschine. Nun ist nur noch Papierkram und die Berechnung des aktuellen Gewichts und des Kerosinverbrauchs zu erledigen. Als auch das erledigt ist, steckt er den Schlüssel ins Zündschloss, öffnet das Fenster und ruft: „Prop Frei". Jeder sich in der Nähe Aufhaltende weiß nun, dass der Motor der Cessna 172 anspringt. Tuckernd und brummend hebt sie vom Rollfeld ab.

Die Welt unter uns wird zusehends kleiner. Häuser, Bäume, Autos und der kleine See wirken wie eine Spielzeuglandschaft, bis sie scheinbar von dunklen Nebelschwaden verschluckt wird.

Dann, wie von Watte umgeben, steigt die Maschine höher und höher, bis sie die dicke Wolkenwand durchstößt.

Schlagartig ist der Himmel von irisierendem Blau. Das gleißende Licht der Sonne sticht uns in die Augen und raubt uns für Sekunden die Sicht. Unter uns türmen sich die Wolken wie Zuckerwatte und verwehren uns den Blick zur Erde. Einzelne Wolken durchkreuzen unseren Weg. Während wir sie durchfliegen, zerreißen sie zu kleinen Wolkenbüscheln.

Dann bekommt die Wolkendecke unter uns Löcher und plötzlich, wie von Zauberhand abgeschnitten, ist sie gänzlich verschwunden und gibt den Blick auf das südliche Voralpenland frei. Für einen Moment verschlägt es uns den Atem und wir bestaunen ehrfurchtvoll die mächtigen Berge, während wir den Brennerpass überfliegen. Ein unbeschreibliches Glücksgefühl erfreut unsere Herzen und lässt uns mit der Sonne strahlen.

Größere und kleinere Wolken türmen sich gelegentlich in der Ferne, doch unser Blick ist gefesselt von der hügeligen und so zauberhaften Landschaft unter uns.

Viel zu schnell geht der traumhafte Flug über die Alpen zu Ende und vor uns liegt die italienische Poebene. Der Anflug auf Venedig bietet unserem Blick das schier endlos erscheinende Meer. Langsam sinkt die Maschine und mit jedem Meter, den wir an Höhe verlieren, wünschen wir uns, trotz der freudigen Erwartung an einen erholsamen Urlaub, einen weiteren, so überwältigenden Flug über die Alpen.

Kindheitserinnerungen

Die Pilzsammlerin

Die ersten Sonnenstrahlen streichelten Lillis Gesicht, als sie am frühen Morgen erwachte. Gerade mal fünf Jahre alt, blickte sie jeden Morgen erwartungsvoll in den neuen Tag. Heute freute sie sich auf den Ausflug mit ihrer Freundin Helga und deren Mutter. Es sollte in den nahen Wald zum Pilzesammeln gehen.

Lilli liebte den federnden Waldboden, die unzähligen Gerüche der verschiedenen Bäume und der feuchten Erde. Zudem gab es außer den Bäumen auch Sträucher, Blumen, manchmal sogar Tiere zu sehen und zu bestimmten Zeiten konnte man Beeren und Pilze sammeln.

Sowie Lilli einen Pilz entdeckte, rief sie nach Helgas Mutter. Handelte es sich um einen essbaren Pilz, schnitt diese ihn vorsichtig ab, nicht ohne zuvor dessen Namen zu nennen. Am Ende hatte Lilli nicht nur eine Menge über Pilze gelernt, sie brachte auch einen ganzen Korb voll mit den vielfältigsten Pilzen nach Hause.

Lillis Mutter kannte sich mit Pilzen nicht aus, also stellte sie den Korb in die Speisekammer, um sie am Abend Lillis Vater zu zeigen. Aber auch er beäugte das Ernteglück seiner Tochter mehr als skeptisch. Um sicherzugehen, dass auch wirklich kein giftiger Pilz darunter war, sollte Lilli zu Onkel Eberhard gehen. Lilli protestierte. Sie erklärte, dass es bei Helga oft Pilzgerichte gebe und schließlich noch niemand vergiftet worden sei. Doch ihr Vater bestand darauf. Also machte sie sich auf den Weg zu dem griesgrämigen Onkel, den sie überhaupt nicht leiden mochte.

Der leerte den Inhalt des Korbes auf den Küchentisch, besah sich die Pilze und sortierte einen nach dem anderen aus. Selbst den großen, der Lillis ganzer Stolz war. Am Ende blieb lediglich eine Hand voll übrig. Enttäuscht verabschiedete sie sich.

Doch während sie so auf dem Weg nach Hause dahinschlenderte, kam ihr eine Idee. Da der Onkel eben sehr nett zu ihr war und ein kundiger Pilzsammler zu sein schien, wollte sie ihn bitten, ihn bei seiner nächsten Pilzwanderung begleiten zu dürfen. Also machte sie kehrt und lief noch einmal zurück.

Kaum hatte sie das Haus des Onkels betreten, kroch ihr ein angenehmer Duft in die Nase. Die Tante bereitete wohl gerade das Abendessen zu. Und tatsächlich, als Lilli die Küche betrat, stand diese am Herd und rührte vorsichtig in einer Pfanne. Nach einem kurzen Blick auf den Inhalt schaute Lilli fassungslos von Tante zu Onkel. Beide senkten beschämt ihre Köpfe.

Kleine Ausreißer

Sommer! Ferien! Erste oder zweite Klasse Grundschule – ich weiß es nicht mehr.

In einem Kinderbuch hatte ich von einem Mädchen gelesen, das von zu Hause ausgerissen und auf ihrer Wanderung spannende Abenteuer erlebt hatte. Was lag da näher, als selbst heimlich auszubüxen, um eben ein solch unterhaltsames Abenteuer zu erleben, während ich die Welt erkundete.

Im Gegensatz zur Schulzeit wachte ich während der Ferien seltsamerweise stets schon mit dem ersten Vogelgezwitscher auf. So auch an diesem Morgen. Nachdem ich eine Weile an die Zimmerdecke gestarrt hatte, schob ich die Daunendecke von mir, rutschte an den Bettrand und erhob mich so leise, wie es mein stets etwas knarrender Federkern-Bettrost zuließ. Ich schlich ans Fenster, blickte einige Sekunden in die Dämmerung und schmiedete einen Plan. Leise schlüpfte ich in ein Kleidchen und zog Sandaletten an. Leider nicht leise genug.

Mein zwei Jahre jüngerer Bruder – wir schliefen damals noch im gleichen Kinderzimmer – saß plötzlich aufrecht in seinem Bett. „Was machst du da?", fragte er gähnend und rieb sich den Schlaf aus den Augen.

Ich legte meinen Zeigerfinger an die Lippen. „Pst!" Dann erklärte ich ihm, was ich vorhatte, und bat ihn den Mund zu halten.

Er versprach es. Allerdings nur unter der Bedingung, mich begleiten zu dürfen. Mein Bruder konnte eine echte Nervensäge sein. Also stimmte ich widerwillig zu.

Damals führte lediglich ein Trampelpfad ins Neubaugebiet unseres Dorfes, in dem unsere Großeltern lebten, die erst vor wenigen Monaten aus der nahen Stadt hierher gezogen waren. Allerdings befand sich ein großes Erdbeerfeld am Wegesrand. Bevor wir also in Richtung neue Siedlung gingen, schlugen wir uns den Bauch mit Erdbeeren voll. Obwohl ich meinen Bruder immer wieder bat, die Hände nicht an seinem Hemd abzuwischen, tat er es dennoch. Bald sah sein Hemd aus, als wäre er verwundet worden.

Danach liefen wir durch die Siedlung und gelangten am Ende zu einem schmalen Gässchen, das zur Hauptstraße führte, die den Ort in altes und neues Dorf teilte.

Damals fuhren noch nicht so viele Autos wie heutzutage und um diese frühe Morgenstunde ohnehin nicht. Es war also nicht sonderlich gefährlich diese Straße zu überqueren.

Dennoch sorgte auf der anderen Seite eine Querstange für die nötige Sicherheit der Leute, die aus dem schmalen Weg dahinter auf den Gehweg zur Hauptstraße wollten. Überquerte also jemand die Straße, egal von welcher Seite, musste er zunächst um den Schlagbaum herumgehen.

Meinem leichtsinnigen Bruder bot die Querstange eine willkommene Gelegenheit, ein Rad zu drehen. Leider! Denn gleich darauf geschah, was ich bereits zuvor befürchtet hatte. Er rutschte ab, landete auf dem Kopf und blutete. So konnte ich ihn ja nicht zu weiteren Abenteuern mitnehmen. Die Wunde musste versorgt werden.

Das war also das Ende meines abenteuerlichen Ausreißerlebens.

Es kam, wie es kommen musste. Zu Hause angekommen, bekam meine Mutter erst einmal einen gehörigen Schrecken, da das Hemd meines Bruders vom Saft der Erdbeeren mit roten Flecken übersät war.

Meine Erklärung dazu beruhigte sie zunächst zwar etwas. Als sie aber die blutende Wunde an seinem Kopf entdeckte, bekam ich gehörig Schelte, weil ich nicht auf ihn aufgepasst hatte. Mein leichtsinniger Bruder, dessen Unfug mir den Spaß kostete, wurde bedauert und verhätschelt.

Ich schwor mir damals, diesen nervigen Kerl nie wieder irgendwohin mitzunehmen, obwohl ich bereits ahnte, dass das nicht einfach werden würde. Er wusste nämlich ganz genau, welche Knöpfe er bei mir drücken musste, um mich umzustimmen. Und sobald Tränen in seinen Augen schimmerten, konnte ich ohnehin nicht nein sagen.

Großmutters Reise ins Vergessen

Es begann ganz harmlos …
Ich war sieben oder acht Jahre alt, mein Kopf gespickt voll mit Ideen, die es schnellstmöglich in die Tat umzusetzen galt.

Damals gab es kein Playstation, Notebook, DVDs, iPhones, keinen eigenen Fernseher im Zimmer und Internet schon gar nicht. Das eigene Telefon im Haus war ein absolutes Highlight. Und da Telefonate ziemlich teuer waren, durfte man nur kurz telefonieren.

Verabredungen trafen wir bei Schulschluss. Meistens stromerten wir mit Freunden durch die nahen Wälder und bauten Lägerla (so nannten wir die mit dicken Ästen und Zweigen erbauten Unterkünfte), wo wir unsere geheimen Treffen abhielten. Wir suchten Krebse und Frösche im Bach. Erst wenn die Sonne schon ziemlich tief am Horizont stand und der Magen knurrte, schlenderten wir nach Hause.

Mutter begrüßte mich dann mit den Worten: „Hey, da bist du ja", oder „Gibt's dich auch noch?"

Vater kam meistens nach mir nach Hause, er fragte mich dann stets dasselbe, vermutlich war sein Gehirn so vollgespickt mit wichtigen Gedanken, dass er nicht mehr die Kraft hatte, sich einen neuen Satz für mich auszudenken: „Hausaufgaben gemacht?" Ich nickte dann und die Sache war erledigt.

Meistens war der Tisch schon gedeckt, falls nicht, übernahm ich das. Danach schickte mich Mutter zu Großmutter, die in unserem Haus in der Einliegerwohnung lebte, um sie zum Abendessen nach oben zu bitten.

Großmutter war schon alt, sechzig oder so – alt eben. Trotzdem hatte sie immer viel zu tun und nur wenig Zeit. Sie arbeitete im Garten, zupfte Unkraut, pflanzte Blumen und Gemüse oder musste ein wichtiges Buch lesen.

Manchmal half ich ihr im Garten, weil sie stets spannende Geschichten aus ihrer Kindheit zu erzählen hatte. Die meisten handelten von ihrer alten Heimat oder vom Krieg und ihrer Flucht nach Deutschland. Auch Gedichte von Goethe und Schiller konnte sie rezitieren und natürlich auch von ihren Lieblingsdichtern Rainer Maria Rilke und Heinrich Heine.

Ab und zu nahm sie bei Kaffeefahrten teil und schloss Kaufverträge ab, die Vater dann – so das möglich war – wieder stornierte. Oder sie besuchte ihre Freundin, mit der sie sich manchmal in ein Café setzte oder am Sonntagnachmittag zum Tanztee in ein nahegelegenes Lokal fuhr. Bei ihrer Rückkehr war sie dann stets ganz lustig und sehr oft trällerte sie ein Liedchen vor sich hin, wie eine aufgedrehte Spieluhr.

Eines Sonntagabends entstieg Großmutter einem Taxi. Ich war um diese Zeit bereits eingeschlafen, wurde dann durch die Unruhe im Haus jedoch wieder wach und begab mich ins Wohnzimmer. Großmutter benahm sich irgendwie seltsam. Offensichtlich erschöpft, ließ sie sich in einen Sessel fallen, starrte vor sich hin und wiederholte ständig: „Ich weiß nicht, wo er steht. Ich weiß nicht, wo er steht."

„Hast du auf dem Parkplatz am Lokal nachgesehen?", fragte mein Vater.

„Hältst du mich für bescheuert?", fragte Großmutter empört zurück. „Natürlich!"

„Und deine Freundin? Konnte sie sich nicht erinnern, wo du den Wagen geparkt hattest?"

„Das faule Huhn hatte heute keine Lust auszugehen."

„Du warst allein beim Tanztee?", fragte nun meine Mutter entsetzt.

„Na hör mal, ich bin schließlich erwachsen", empörte sich Großmutter, wodurch sich ihre Stimme in hohe Töne steigerte.

„Ja, das bist du", erklärte Vater, als ob er nicht so recht daran glaubte. „Ich kümmere mich morgen um deinen Wagen."

„Danke, mein Junge", entgegnete sie erleichtert, erhob sich schwerfällig und ohne weiter auf den Vorfall einzugehen, ging sie nach unten in ihre Wohnung.

Von dem Tag an fuhr sie nie wieder mit dem Auto. Ich denke, sie wusste genau, dass in ihrem Kopf etwas nicht stimmte.

Großmutter hatte schon davor des Öfteren etwas vergessen. Ich fand, das war nichts, worüber man sich Sorgen machen musste. Alle Erwachsenen vergaßen ständig etwas. Meistens das, um das ich sie gebeten hatte. Mutter nannte es das „kleine Vergessen". „Dazu kommt es, weil die Erwachsenen einfach zu viel im Kopf haben, das sie keinesfalls vergessen dürfen."

Doch dann erinnerte ich mich an einige Situationen, die mir zu Denken gaben. Immer wenn Großmutter etwas suchte – und das kam zu dieser Zeit tatsächlich häufig vor – gab sie eine verworrene Erklärung ab, nachdem sie selbst oder ein anderer es gefunden hatte.

Weihnachten nahte und obwohl wir Weinachten immer gemeinsam verbrachten, wollte Großmutter stets ihren eigenen Baum schmücken. Als Vater einen Baum für uns besorgte, brachte er also auch einen kleinen für sie mit. Ein Weihnachtslied nach dem anderen vor sich hin trällernd, schmückte Großmutter ihren Baum mit einer Hingabe, die schon fast an Besessenheit grenzte.

Vater meinte nur kopfschüttelnd: „Lass sie! Es macht ihr eben Freude."

Die Freude hielt nicht lange an. Wären Mutter nicht die Zwiebeln ausgegangen und hätte sie mich nicht in den Vorratskeller geschickt, um welche zu holen, wäre unser Haus an Heiligabend abgebrannt. Als ich an Großmutters Tür vorbeiging und das seltsame Knistern hörte, brannte der Baum bereits lichterloh. Ich schrie so laut ich konnte nach oben: „Papa, der Baum brennt."

Großmutter hatte die Kerzen angezündet, hatte sich aufs Sofa gelegt und war eingeschlafen. Vermutlich stand eine Kerze zu nah an einem Ast.

Vater lief in die Waschküche, füllte einen Eimer und befahl mir, noch einen weiteren zu füllen. Es ging alles rasend schnell. Vater löschte. Ich füllte noch zwei weitere Eimer. Damals beschloss ich, zur freiwilligen Feuerwehr zu gehen. Jedenfalls brachte mein Vater den Brand noch rechtzeitig unter Kontrolle, bevor das Feuer auf die Vorhänge und Polstermöbel überspringen konnte. Irgendwie verhielt sich Großmutter danach nicht so wie erwartet. Da war kein Erschrecken in ihrem Gesicht, als würde sie gar nicht begreifen, in welcher Gefahr sie geschwebt hatte. Sie sagte nur: „Na siehst du, alles gar nicht so schlimm."

Aber es wurde schlimmer – langsam, schleichend.

Der Frühling zog ins Land und mit ihm das „große" Vergessen.

Einmal stellte Großmutter einen Topf mit Milch auf ihren Herd und vergaß es einfach. Der penetrante Gestank der übergekochten Milch zog durchs ganze Haus. Für Mutter Grund genug, ein ernsthaftes Gespräch mit Vater zu führen. Den Kochlöffel schwingend stellte sie sich vor Vater auf und machte ihm klar, dass ab sofort etwas geschehen müsse. Vater klemmte Großmutters Herd vom Strom ab.

Das war die Zeit, als Großmutter manchmal, ohne sich anzukleiden, im Nachthemd auf die Straße ging. Desorientiert lief sie dann in eine Richtung, wendete nach einer Weile und ging in die andere. Holte Mutter sie dann ins Haus, rezitierte sie ein Gedicht oder sang ein Lied, das sie während ihrer Schulzeit gelernt hatte. Einmal suchten die

Eltern, und sogar einige Nachbarn, sie stundenlang, bis sie Großmutter endlich im Bushäuschen fanden.
Doch das war noch nicht das Schlimmste.
Vor allem nachts wurde sie oft von Albträumen geplagt.
Dann schrie, schimpfte oder weinte sie. Vater saß dann an ihrem Bett, beruhigte und tröstete sie, bis sie wieder eingeschlafen war.

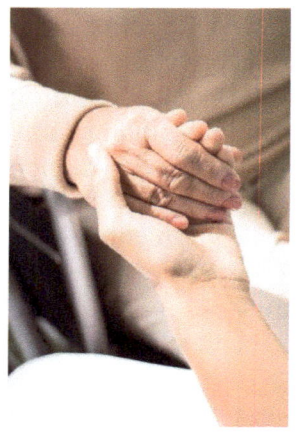

Für die täglichen Hygienemaßnahmen war Mutter zuständig. Sie achtete darauf, dass Großmutter sich die Zähne putzte, Gesicht und Hände wusch. Sie half ihr beim Duschen, trocknete sie ab und half ihr beim Ankleiden. Dann kämmte sie ihr die feinen grauen Haare. Das mochte Großmutter. Einmal bedankte sie sich bei Mutter und meinte: „Das machen Sie sehr schön." Ob sie in diesem Moment dachte, Mutter wäre eine Friseurin? Wir wissen es nicht.

Bald wurde es so arg, dass meine Eltern Großmutter in ein Pflegeheim brachten, wo sich ständig jemand um sie kümmern konnte. Besuchten wir sie dort, freute sie sich, uns zu sehen. Doch eines Tages betrat ich ihr Zimmer und sie fragte: „Wer bist denn du?" Selbst ihren eigenen Sohn erkannte sie zunächst nicht. Einige Wochen später fühlte sie sich zu schwach, um aufzustehen. Die Pfleger berichteten, dass sie ständig müde sei und keinen Appetit habe.

Dann, der Herbst hatte die Blätter der Bäume bereits bunt gefärbt, kam eines Morgens, während wir beim Frühstück saßen, ein Anruf vom Pflegeheim. Großmutter war am Abend eingeschlafen und am Morgen nicht mehr aufgewacht.

Gerechter Tausch

Ich erinnere mich, als wäre es gestern gewesen – Faschingszeit. Mama stellte einen Teller mit frisch ausgebacken Krapfen auf den Tisch. Ich liebte die mit Puderzucker bestäubte Krapfen und konnte mich daran kaum satt essen. Ob es an den damals vorhandenen oder eben nicht vorhandenen Aufbewahrungsmöglichkeiten lag, weiß ich nicht, aber am folgenden Tag waren sie leider eher zäh. So mochte ich sie gar nicht.

Mama meinte es sicher gut, als sie mir tags drauf einen solchen Krapfen in meine Frühstückstüte packte. Ich war wirklich hungrig, als es zur Pause läutete. Nachdem ich die Frühstückstüte aus meinem Schulranzen gezogen hatte, blickte ich ziemlich enttäuscht auf den Krapfen. Ein Schinkenbrot oder eines mit Kalbsleberwurst wäre mir entschieden lieber gewesen, doch etwas anderes gab es nun einmal nicht. Schon wollte ich in den Krapfen beißen, als ich mein Freundin Gisela entdeckte, die etwas appetitlos auf ihre Wurstsemmel und mit gierigem Blick auf meinen Krapfen starrte.

Das war die Gelegenheit. „Wollen wir tauschen?", fragte ich, als wollte ich ihr einen Gefallen tun.

„Ja, sehr gerne", antwortete sie freudig und streckte mir auch prompt ihre Semmel entgegen.

Ich hätte ihr sagen müssen, dass der Krapfen nicht frisch gebacken war, aber ich dachte nur daran, dieses etwas fest gewordene Gebäck loszuwerden. Als ich ihre Semmel in meinen Händen hielt, fühlte ich mich – obwohl sich bereits das schlechte Gewissen zu regen begann – wie jemand, der ein Schnäppchen gemacht hat. Leider hatte ich nicht damit gerechnet, dass meine Freundin es mindestens ebenso faustdick hinter den Ohren hatte wie ich.

Gleich beim ersten Bissen in die lecker aussehend Semmel bemerkte ich, dass sie ebenfalls vom Vortag war und mindestens ebenso zäh wie mein Krapfen.

Ich habe nie wieder ein Pausenbrot getauscht.

Mystische Geschichten

Blinti

Es war einmal … damit beginnen Märchen, Legenden oder Sagen. Immer steckt ein Körnchen Wahrheit drinnen. So verhält es sich auch mit dieser Geschichte, die ich auf Wunsch meines Vaters zu Papier bringe, um sie für kommende Familienmitglieder zu erhalten. Ist es so geschehen oder wurde sie lediglich von Generation zu Generation so oder mit kleinen Veränderungen weitergegeben? Man weiß es nicht genau. Doch genau so wurde sie mir erzählt.

***

Im Stall des reichsten Bauern im Ort wurden drei Kätzchen geboren. Der Bauer war ein harter Mann, der kein Gewissen zu haben schien. Als er die Kätzchen entdeckte, nahm er sie der Katzenmutter weg, steckte sie in einen Sack und drosch mit dem Dreschflegel wild darauf ein. Dann warf er den Sack in den nahen, über Felsbrocken wild ins Tal brausenden Bergfluss.

Seine Tat blieb jedoch nicht unbeobachtet. Meine Ururgroßmutter, damals das schönste Mädchen im Ort, war zu diesem Zeitpunkt unterwegs, um Kräuter für die Mutter zu sammeln. Sie lief zu einer Stelle, an der der Sack vorbeikommen musste und tatsächlich gelang es ihr, ihn mit einem langen Stock herauszuziehen. Sie öffnete ihn und brach in Tränen aus, als sie die geprügelten, teils aufgeplatzten Leiber der erschlagenen Kätzchen erblickte. Eines nach dem anderen nahm sie heraus, um es in der Nähe zu begraben. Als sie jedoch das dritte Kätzchen herausnahm, ein schwarzes mit einem kleinen weißen Fleck auf der Stirn, begann dieses kläglich zu maunzen. Es hatte die brutale Tortur tatsächlich überlebt. Meine Ahnfrau erkannte an den weißen, wie mit Milch überzogenen Augen, dass dieses Kätzchen blind war. „Armes kleines Ding." Sie legte das unterkühlte Tierchen zunächst an ihr Herz, um es zu wärmen, dann nahm sie ihr Schultertuch und legte es hinein. Nachdem sie die beiden anderen begraben hatte, lief sie eilends nach Hause, wo sie dem Kätzchen den Namen Blinti gab, ein alter keltischer Name für „blind".

Blinti begleitete meine Ahnfrau auf Schritt und Tritt, und zwei Jahre nach seiner Rettung geschah es, dass der Bauer zum Witwer wurde. Er trauerte nicht um seine Frau, die für ihn unnütz war, da sie nicht fähig war ihm einen Erben zu schenken. Noch während der Trauerzeit begab er sich auf die Suche nach einer neuen Frau, mit der er seine verstorbene ersetzen konnte. Als er eines Tages meine Ahnfrau auf dem Feld ihrer Eltern entdeckte, war er von ihrem Antlitz so angetan, dass er begann um sie zu freien. Dabei war ihm jedes Mittel recht. Letztendlich gab der Vater den Drohungen und Repressalien des Bauern nach und gab ihm seine Tochter zur Frau.

In der Hochzeitsnacht wollte der Bauer sein Recht als Ehemann geltend machen und begab sich ins Ehegemach. Doch am Fußende des Bettes lag bereits die blinde Katze. Zornentbrannt gab er ihr einen kräftigen Schlag, der sie regelrecht vom Bett wischte. Weinend und schluchzend begehrte meine Ahnfrau gegen das rüde Verhalten ihres Ehemannes auf. Er jedoch hatte nur eines im Sinn und da er von Liebe und Zärtlichkeit nichts zu wissen schien, legte er sich schwer auf seine Ehefrau, um sie zu nehmen. Blinti, die den Vorgang nicht sehen konnte, das Herzeleid und die Angst ihrer Herrin jedoch zu spüren schien, sprang fauchend in den Nacken des Bauern, schlug ihre Krallen in sein Fleisch und biss ihn in die Ohren.

Der Bauer schüttelte sie hektisch von seinen Schultern und erhob sich wütend, um die verhasste Katze aus dem Zimmer zu befördern. Doch Blinti krallte sich fest an sein

Bein und ließ sich nicht mehr abschütteln, obwohl der Bauer wild um sich schlug, während er durch das Zimmer lief und auf das Treppenpodest vor der Tür hinaustrat. So mit der Abwehr der Katze beschäftigt übersah er einen Tonkrug. Er stolperte, fiel kopfüber die Treppe hinunter und brach sich das Genick.

So kam es, dass meine Ahnfrau später einen Mann heiraten konnte, den sie von Herzen liebte – meinen Ururgroßvater.

***

Was letztendlich aus Blinti wurde, ist nicht überliefert. Doch die Katze musste wohl eines Tages Junge bekommen haben, anders kann ich mir nicht erklären, wie es möglich ist, dass auch die nachfolgenden Generationen eine ebenso treue Kameradin an ihrer Seite hatten und immer noch haben. Mein Vater jedoch ist davon überzeugt, dass unsere und die damalige Blinti ein und dieselbe Katze ist.

Wie er auf diese absurde Idee kommt? Sie trägt nicht nur den Namen der Katze meiner Ahnfrau, der irgendwie von Generation zu Generation weitergegeben wurde, sie ist ebenfalls schwarz mit diesem weißen Fleck auf der Stirn und sie ist blind.

Außerdem behauptete er, er hätte Blinti nie als neugeborenes Kätzchen gekannt. Sie wäre einfach schon immer da gewesen.

***

Eben werfe ich einen Blick auf Blinti, die vor mir auf ihren Hinterbeinen sitzt und mich scheinbar mit ihren milchig weißen Augen anstarrt, als wüsste sie genau, dass es bei meiner Schreiberei um sie geht. Und jetzt, nachdem ich diese alte Familiengeschichte aufgeschrieben habe, frage ich mich tatsächlich, ob an Vaters Vermutung von der ewig lebenden Katze nicht doch etwas Wahres dran ist …

Der Baum

Der alte Mann hatte fast die ganze Welt bereist. Jedoch müde vom Reisen, kehrt er in sein Heimatdorf am Rande der Alpen zurück. Er war nicht ohne Geschenk zurückgekommen. Ihr wollt wissen, was der Alte in seinem Gepäck hatte? Es handelte sich um einen Samen, etwa so groß wie ein Kürbiskern. Allerdings schillerte er in allen Regenbogenfarben. Natürlich wollte der Alte den Samen in seiner Heimat pflanzen, denn er wusste um dessen Geheimnis. Doch das würde nicht einfach werden, da nur eine reine Seele diesen der Erde übergeben konnte. Denn nur dann vermochte der daraus wachsende Baum auch Früchte zu tragen. Die Seele des Alten war nicht mehr rein genug. Er hatte in seinem langen Leben viel gesehen und erlebt. Nicht immer war er ehrlich und das eine oder andere Mal, hatte er nicht rechtens gehandelt. Doch je älter er geworden war, umso weiser war er auch geworden und er hatte längst begriffen, was wirklich wichtig war. Die Liebe allein war das Wichtigste im Leben und all die Taten, die aus Liebe geschahen und noch geschehen würden.

Wie aber war der Alte an den Samen gekommen, obwohl er doch anscheinend nicht würdig war, ihn auch zu pflanzen? Ich bin davon überzeugt, dass derjenige, der ihn an jenen Ort geführt hatte, um dessen gutes Herz wusste.

***

Der Alte hatte die Nacht im Schuppen eines freundlichen Bauern verbracht. Es war noch früh am Morgen, als er sich auf den Weg machte, um einen vor ihm liegenden Wald zu durchqueren. Nachdem ihm die Bäuerin eine Flasche Wasser und einige Brote gereicht hatte, schulterte er seinen

Rucksack und ging los. Gegen Mittag, die Sonne stand hoch über dem Horizont und brannte heiß vom Himmel, suchte er sich dafür einen schattigen Platz. Als er etwas abseits des Pfades eine reich belaubte Linde entdeckte, entschloss er sich, dort zu rasten. Er trank das Wasser und aß die beiden belegten Brote. Zufrieden schloss er danach die Augen, um ein wenig auszuruhen.

Als er wieder erwachte, dämmerte es bereits. Er blickte sich etwas verwirrt und suchend um, da er sich nicht mehr erinnern konnte, in welche Richtung er gehen musste, um zum nächsten Dorf zu gelangen. Da er fest an Gottes Führung glaubte, die ihn auf all seinen Wegen geleitet hatte, vertraute er auch heute auf dessen Beistand und ging einfach los. Immer tiefer kam er in den von Menschenhand unberührt anmutenden Wald. Nach etlichen Strapazen und während die Sonne nur noch schwach durch das Geäst drang, suchte er sich ein Plätzchen, an dem er die Nacht verbringen konnte. Doch plötzlich tat sich der Wald zu einer Lichtung auf und er entdeckte einen malerischen, geradezu paradiesisch anmutenden Ort. Ein Bächlein schlängelte sich durch die weitläufige Blumenwiese, gelangte über einen kleinen Hügel geradewegs auf das Rad einer Mühle und floss weiter, vorbei an wunderschönen weißen Häusern. Überall hingen und standen Blumenkästen. Es gab Gemüsebeete und Obstbäume. Kühe, Ziegen und Schafe grasten friedlich auf den Weiden. Ein Hund bellte und ein anderer antwortete, während ein stattlicher rotgetiegerter Kater vertrauensvoll um seine Beine strich. „Na, wo kommst du denn plötzlich her?" Er bückte sich, streichelte über das Fell des Tieres und ließ seinen Blick erneut über den Ort streifen. Ja, so hatte er sich stets das Paradies vorgestellt.

***

Ihr fragt euch sicher, wie es sein konnte, dass niemand zuvor von diesem wundervollen Ort gehört, geschweige denn ihn entdeckt hatte? Nun ja, möglicherweise lag es daran, dass der Ort kaum zugänglich inmitten des fast undurchdringlichen Waldes lag. Vielleicht wurden auch nur ganz besondere Menschen dorthin geführt. Der Alte fragte nicht danach.

Als er die Bewohner des Dorfes kennenlernte, war er überrascht von der Liebe und Glückseligkeit, die alle umgab. Sie schienen nicht mit Reichtümern gesegnet zu sein und es gab keine einzige technische Errungenschaft, die von der Menschheit außerhalb dieses Ortes so hochgepriesen wurde. Dennoch konnte er die Zufriedenheit, die diese Menschen umgab, fast körperlich spüren. Sie hießen ihn herzlich willkommen und boten ihm Früchte an, die er zuvor nie gesehen hatte. Doch sowie er von der ersten Frucht gekostet hatte, übermannte ihn ein unbeschreibliches Glücksgefühl und unermessliche Liebe zu allem, was ihn umgab. Zu diesem Zeitpunkt konnte er sich noch nicht vorstellen, dass die unbeschreibliche Freude, die er in seinem Herzen spürte, mit den Früchten zu tun haben könnte, die man ihm so freizügig anbot, sondern allein mit der Freundlichkeit der Menschen, für die er sehr dankbar war.

Er blieb viele Wochen an diesem Ort und wäre am liebsten für immer geblieben. Eines Morgens jedoch erwachte er und wusste, dass es Zeit war, Abschied zu nehmen. Der Dorfälteste lächelte, als ihm der Alte, der zu einem guten Freund geworden war, von seinem Vorhaben berichtete. Er legte ihm einen einzigen Samen in die Hand, nachdem er ihm das Versprechen abgenommen hatte, niemals zu verraten, woher dieser stammte. Inzwischen hatte der Alte natürlich längst erfahren, was es mit den so köstlich schmeckenden Früchten auf sich hatte. Außerdem erklärte ihm der Dorfälteste, wie der Samen gepflanzt werden musste, damit er auch Früchte tragen konnte. „Doch bedenke, Freund, die Früchte können die Menschen glücklich machen, aber deren Seelen erreichen sie erst, wenn diese bereit dafür sind", warnte er.

***

Einige Tage nachdem der Alte zu Hause angekommen war, erkannte er die Sorgen und Existenzängste der Dorfbewohner. Er erfuhr von Krankheiten, Tod und Trauer. Sein Herz wurde schwer. Er dachte darüber nach, den Samen zu pflanzen. Doch, wo konnte er eine reine Seele finden? Da kam ihm eine Idee. Er versammelte die Kinder des Ortes um sich, die nicht älter als drei Jahre waren. Einige Tage beobachtete er die Kinder, die sich in seiner Nähe sehr wohlzufühlen schienen, sich gerne mit ihm unterhielten und seinen Geschichten lauschten. Olivia, ein zartes Mädchen mit rabenschwarzem, glänzendem Haar und strahlend blauen Augen, das sich wild und lebensfroh gab, im Umgang mit der Natur jedoch besonders vorsichtig und liebevoll handelte, erregte seine Aufmerksamkeit. Sie wählte er aus, um den Samen in die Erde zu legen. Nachdem er ihr seinen Wunsch vorgebracht und ihr erklärt hatte, was er von ihr erwartete, lächelte Olivia und nach einigen Sekunden nickte sie.

Der Alte hatte bereits einen Blumentopf mit Erde bereitgestellt, in dem das Pflänzchen zunächst heranwachsen sollte. Jeden Tag besuchte Olivia den Alten und schaute erwartungsvoll in den Blumentopf. Nach einigen Tagen schob sich ein grünes Köpfchen aus der Erde. Helle Freude ließ das Kind in die Hände klatschen. Und dann war es so weit, das Pflänzchen war etwa zehn Zentimeter hochgewachsen, als Olivia es an einen sonnigen Platz im Garten des alten Mannes pflanzen durfte. Das Mädchen ließ es sich nicht nehmen, zunächst das Pflänzchen und das wunderbarerweise bereits nach wenigen Monaten herangewachsene kleine Bäumchen zu hegen und zu pflegen. Nachdem das Bäumchen den Winter überstanden hatte, trug es die ersten Blüten. Von nun an warteten der Alte und das Mädchen auf die Früchte.

***

Nach der ersten Ernte stellten sie fest, dass der Baum gerade so viele Früchte getragen hatte, wie Menschen in dem Dorf lebten. So konnte jeder einmal von den Früchten kosten. Alle waren begeistert von deren Geschmack. Weil sie sich danach so glücklich fühlten, hätten sie gerne mehr davon gegessen. Der Alte bat um Geduld und versprach für das nächste Jahr viele Früchte, da aus dem kleinen Bäumchen im Laufe des Jahres ein stattlicher Baum geworden war.

Und wie er es versprochen hatte, trug der Baum, schon als noch Schnee auf den Dächern der Häuser lag, unzählige

Blüten. Und nicht nur im Frühling, nein, der Baum blühte übers ganze Jahr bis spät in den Herbst hinein. Bienen, Hummeln und Schmetterlinge ergötzten sich daran. In diesem Jahr gab es schon im Sommer die ersten Früchte. Den ganzen Herbst und selbst während des Winters konnten welche geerntet werden, bis der Baum im Frühling wieder Blüten trug und erneut Früchte hervorbrachte. Doch immer noch waren es nicht genug.

Alle Dorfbewohner wollten einen eigenen Baum in ihrem Garten. Sie besprachen sich hinter dem Rücken des Alten und pflanzten die Samen – die schließlich jede Frucht in seinem Inneren trug – in ihre Gärten. Die Bäume wuchsen, sie bekamen grüne Blätter, doch sie blühten nicht und so konnten sie auch keine Früchte tragen. Die Menschen wurden wütend auf den Alten, da ihnen klar wurde, dass es ein Geheimnis um den Baum geben musste, das er ihnen verheimlicht hatte. Natürlich fragten sie ihn danach. Doch der Alte schwieg. Ein junger Mann mit großem Mundwerk, glaubte zu wissen, wie man dem Alten das Geheimnis entlocken könne. Der Baum, so verkündigte er, müsse lediglich abgesägt werden. Der Alte würde sicher einen neuen Baum pflanzen und dabei konnten sie ihn dann beobachten. Gesagt getan, der Baum wurde gefällt.

Als der Alte das sah, erinnerte er sich an die Worte seines Freundes. Er erkannte, dass er einen Fehler begangen hatte. Die Seelen der Dorfbewohner waren für die Segnungen der Früchte noch nicht bereit. Was hatte er getan? Er wollte doch Gutes bewirken und die Menschen gesund und glücklich sehen. War er anmaßend und egoistisch gewesen? Hatte er etwa tief in sich erwartet, dass die Leute etwas Besonderes in ihm sehen würden? Nein, das erkannte er in aller Klarheit. Er hatte sich über deren anfänglichen Dank gefreut. Ja, er musste zugeben, deren Dank hatte ihm schon ein wenig geschmeichelt. Doch viel mehr hatte er sich über deren Wohlergehen gefreut, das Friedvolle und die Liebe, die sie sich gegenseitig zukommen ließen. Mit der Gier jedoch, die wohl unterschwellig noch in den Menschen steckte, hatte er nicht gerechnet. Traurig und zutiefst enttäuscht von seiner Familie, den Freunden und den anderen Dorfbewohnern packte er einige Samen und Proviant in seinen Rucksack. Er würde keinen weiteren Baum pflanzen.

***

Allein der inzwischen sechsjährigen Olivia erklärte er sein Vorhaben. Das Mädchen lächelte, nickte und versprach das Geheimnis zu wahren.

Der Alte hätte die Bäume gerne überall auf der ganzen Welt gepflanzt. Doch er musste erkennen, dass die Menschen ein so großes Gottesgeschenk noch nicht zu würdigen wussten. Der endlose Frieden würde vielleicht nie über die Erde kommen. Aber wer weiß, eines Tages würde Olivia sich vielleicht an diese Geschichte aus ihrer Kindheit, den alten Mann und seine Worte erinnern. Sie würde den Berg hochsteigen zur Almhütte des Alten und den dort in einem Geheimfach unter einer bestimmten Bohle verborgenen Samen an sich nehmen. Sie würde ein Kind mit reiner Seele finden, das den Samen erneut der Erde übergeben konnte. Wer weiß, vielleicht war dann die Zeit reif und die Menschheit bereit für den Baum, der Himmelsfrüchte trug.

Er selbst wäre dann längst am schönsten Ort der Welt und hätte dort seinen Frieden gefunden.

Das alte Haus

Traurig stand das im Laufe der Jahreszeiten ziemlich heruntergekommene Haus inmitten hochschießender Unkräuter, Gräser und wild durcheinander gewachsener Sträucher.

Wie oft dachte ich später darüber nach, was mich veranlasst hatte, von dem bequemen Wanderpfad durch unwegsames Dickicht zu kriechen, um dann vor diesem alten Haus zu stehen.

Der Putz bröckelte teilweise von den Wänden, an einem Fenster hing eine zerschlissene Gardine. Das Geländer vor den sechs Säulen, die das Vordach stützten, war zerbrochen. Doch so verwahrlost es anzusehen war, so sehr zog es mich vom ersten Augenblick in seinen Bann. Besonders der runde Turm mit den vielen Fenstern gefiel mir und auch das wie hineingestellt wirkende Häuschen zwischen der runden Kuppel und dem Satteldach. Ich stellte mir vor, wie es wohl wäre, mich auf der davor befindlichen kleinen Terrasse zu sonnen oder einfach nur den Ausblick auf den wunderschönen Garten zu genießen.

Die Neugier packte mich und ich beschloss, mich im Inneren des Hauses umzusehen – sofern dies möglich war. Also kämpfte ich mich durchs Gestrüpp und ging mit einem etwas mulmigen Gefühl auf das Haus zu. Die Stufen knarrten unter meinen Füßen, als ich sie betrat. Leider ließ sich die Tür durch Drehen des antiken Messingtürknaufs nicht öffnen. Mit Bedauern wandte ich mich zum Gehen. Als ich hinter meinem Rücken ein knarrendes Geräusch vernahm, sah ich – mich verwundert umdrehend – wie sich die Tür langsam öffnete. Das Schloss hatte wohl geklemmt. Der Einladung des Hauses folgend, machte ich erneut einen Schritt auf die Tür zu. Im selben Moment vernahm ich ein Wispern, als flüsterten die Gräser, dann erhob sich ein Rauschen und eine heftige Bö jagte durch die alten Äste, die sich ächzend bogen unter dem Gewicht der raschelnden Blätter. Bereits aus den Augenwinkeln erfasste ich den veränderten Garten, der sich plötzlich mit entzückend angelegten Blumenbeeten und betörend duftenden Rosenstämmchen zeigte. Zudem bemerkte ich etwas verwirrt das völlig intakte Geländer, das sogar frisch gestrichen schien. Ich schloss eine Sekunde die Augen und schüttelte verneinend den Kopf. Jetzt geht meine Fantasie mit mir durch, dachte ich noch, bevor ich mit zischend säuselndem Flüstern und kraftvollem Sog, wie von einem unsichtbaren Wesen, regelrecht ins Haus gezogen wurde. So stand ich einen Augenblick später, immer noch verwirrt infolge des bizarren Ereignisses, in der großzügig angelegten Diele.

Seltsamerweise wurde meine Nase gleich darauf von einem appetitanregenden Duft umschmeichelt, dem ich neugierig folgte und so in die Küche des Hauses gelangte. Entgegen dem Äußeren des Hauses machte die Küche einen gepflegten Eindruck und auf dem Holzherd, der eine angenehme Wärme abgab, stand wahrhaftig ein Topf, in dem es leise köchelte.

Ich wollte es kaum glauben, aber anscheinend wohnte doch noch jemand in diesem Haus. Ich rief ein „Hallo, ist hier jemand?", und entschuldigte mich für die Störung. Da ich keine Antwort erhielt, drehte ich mich um und ging in Richtung Diele, um das Haus auf dem schnellsten Weg wieder zu verlassen. Als ich dann aber ein klirrendes Geräusch aus dem Nebenraum vernahm, entschied ich mich dagegen und betrat nach kurzem Anklopfen das angrenzende Speisezimmer.

Der Tisch war bereits für zwei Personen gedeckt, aber auch hier vermisste ich die Anwesenheit des Bewohners. Noch einmal rief ich ein „Hallo!" Tatsächlich öffnete sich eine Tür und eine sehr elegant, aber nicht gerade zeitgemäß gekleidete alte Dame betrat den Raum.

Sie begrüßte mich freundlich und bat mich Platz zu nehmen. Irgendwie konnte ich mich des Gefühls nicht erwehren, dass sie mich erwartet hatte. Freundlich bot sie mir ein Glas Wasser an und lud mich zum Essen ein. Immer noch verwundert über ihr Erscheinen und das nun doch bewohnte Haus, nahm ich die Einladung erfreut und dankend an.

Die alte Dame ließ es sich nicht nehmen, mir ein köstliches Champignoncremesüppchen zu kredenzen.

Während des Essens erfuhr ich, dass sie fast fünfzig Jahre sehr glücklich mit ihrem Ehemann in diesem Haus gelebt hatte. Nach dem Essen erhob sie sich und sagte freundlich lächelnd: „So, mein Kind, du möchtest doch sicher das Haus besichtigen."

„Oh ja! Sehr gerne", antwortete ich begeistert.

„Dann solltest du das tun. Folge mir."

Bevor wir auf der alten Treppe ins obere Stockwerk stiegen, legte ich meine Hand auf das dunkel eingelassene Eichengeländer, was im selben Augenblick ein unerklärlich starkes Gefühl der Verbundenheit mit dem Haus in mir auslöste.

Vor einer der Türen blieb meine Gastgeberin stehen und schaute mich eine Weile seltsam entrückt an, bevor sie sagte: „Ich bin jetzt müde. Schau dich in Ruhe um und wenn du gehst, zieh einfach die Tür hinter dir zu. Auf Wiedersehen, mein Kind." Etwas verblüfft verabschiedete ich mich von ihr. Doch angesichts der unerwarteten Möglichkeit das Haus dennoch besichtigen zu können, warf ich nach und nach jeweils einen kurzen Blick in die wunderschön und gemütlich eingerichteten Zimmer. Als ich die letzte Tür öffnete, betrat ich ein Kinderzimmer. Da stand und lag Spielzeug aller Art. Das Kind, das in diesem Zimmer gelebt und gespielt hatte, musste sehr glücklich gewesen sein. Einer plötzlichen Erinnerung folgend trat ich näher an das Schaukelpferd heran, da ich als Kind dasselbe hatte. „Oh!" Sogar die Mähne des Tieres war so dünn wie bei meinem. Ich hatte sie damals zu oft gebürstet. „Oh!", hauchte ich erneut, als ich bemerkte, dass der Steigriemen ebenfalls gerissen war – wie bei meinem. Zärtlich streichelte ich den Hals des Tieres und lächelte. Wie sehr hatte ich mein Pferdchen geliebt. Irgendwann war es allerdings verschwunden. Ich hatte nie erfahren, wo es abgeblieben war.

Ein seltsam zischender Laut, als atme jemand erleichtert aus, veranlasste mich, meine Hand zurückzuziehen. Das Flüstern, das ich gleich darauf vernahm, erschreckte mich eine Sekunde, doch dann schüttelte ich abwehrend den Kopf. Das konnte ich mir doch wohl nur eingebildet haben und wenn nicht …, in alten Häusern gab es nun einmal seltsame Geräusche. Vielleicht eine Bö, die durch Schlitze verwitterter Dachplatten gefahren war.

Ich verließ das Kinderzimmer, stieg die Stufen hinunter, trat aus dem Haus und zog die Tür hinter mir zu, wie es die alte Dame gewünscht hatte. Plötzlich fiel mir ein, dass ich sie nicht einmal nach ihrem Namen gefragt hatte. Da ich sie jedoch nicht in ihrer Mittagsruhe stören wollte, beschloss ich, mich im Ort nach ihr und dem Haus zu erkundigen und verließ das Grundstück über die mit Lavendel gesäumte Einfahrt.

Der Inhaber der kleinen Pension, in der ich abgestiegen war, konnte mir nicht weiterhelfen und verwies mich ans Einwohnermeldeamt im Rathaus. Einen Moment dachte ich darüber nach, die Sache auf sich beruhen zu lassen, doch die alte Dame und dieses Haus gingen mir einfach nicht aus dem Kopf.

„Sie sprechen von der heruntergekommenen Gründerzeitvilla, die längst abgerissen werden müsste", bemerkte der Amtsangestellte. „Hm, da muss ich erst mal ins Archiv. Sie können mich gerne begleiten", forderte er mich auf und erhob sich.

So viele Umstände wollte ich nun doch nicht machen. Ich bedankte mich und begab mich zur Tür.

„Unsinn, jetzt sind Sie schon mal hier, da können wir auch nachsehen. Ist eine willkommene Abwechslung für mich", meinte er freundlich.

Es dauerte eine Weile, bis er den richtigen Karton gefunden hatte. Verwundert stellte er fest, dass sich im Karton Unterlagen befanden, mit denen er nicht gerechnet hatte. „Das ist ein Testament. Seltsam", murmelte er und zählte die weiteren Unterlagen auf: „Grundbuchauszug, Baupläne und hier ein Brief an einen Herrn Marcus von Linden. Ist an den Absender – also an uns – zurückgekommen. Der Mann wurde wohl nicht gefunden."

Ich spürte, wie mein Kreislauf abzusacken begann und musste mich setzen. „Der Mann war mein Vater. Entschuldigung, ich habe versäumt mich vorzustellen, Ellena Linden. Das ‚von' habe ich bereits vor Jahren abgelegt."

„Oh!"

Es stellte sich heraus, dass mein Vater ein Urenkel der alten Dame war.

„Sie müssen sich entsprechend ausweisen, dann kann ich Ihnen die Unterlagen aushändigen."

„Weshalb wurden die Unterlagen nicht mehr an …, ja, an meine … Ururgroßmutter zurückgegeben?" Er blickte mich einen Moment an, als verstehe er die Frage nicht. „Weil sie verstorben ist. Hier sehen Sie selbst." Er reichte mir ein in Leder gebundenes Familienbuch. „Geburts-, Tauf- und Sterbeurkunden."

„Wer ist dann die alte Dame, die im Haus lebt?"

Mit einem Blick, der deutlich erkennen ließ, dass er mich nun doch für überspannt oder sogar verrückt hielt, erklärte er mir, dass in dem Haus niemand mehr leben könne, da es einsturzgefährdet sei.

Letztendlich spielte es keine Rolle mehr, weshalb dieser Brief nicht an mich weitergeleitet worden war, dass mein Wagen ausgerechnet an diesem Ort gestreikt und ich mich entschieden hatte, einige Urlaubstage hier zu verbringen.

Am Tag darauf hatte ich mit Hilfe des Amtsangestellten einen Termin beim zuständigen Notar, von dem ich mir mein Erbe rechtskräftig beurkunden ließ.

Danach fuhr ich mit meinem Wagen auf den mit Unkräutern bewachsenen Hof des Anwesens. Bevor ich jedoch darüber nachdenken konnte, wurde meine Aufmerksamkeit zur Tür des Hauses gelenkt, die sperrangelweit offenstand.

Während ich die knarrenden Stufen betrat, richtete ich meinen Blick flüchtig auf den Garten, der sich nun, wie am Tag zuvor wieder in verwildertem Zustand befand. Spätestens jedoch, nachdem ich die Diele betreten hatte, musste ich dem Mann vom Rathaus recht geben.

Nichts von all dem, was ich am Tag zuvor gesehen hatte, war noch vorhanden. Ich nickte vor mich hin. Also doch! Da hat mir wohl meine Fantasie einen gehörigen Streich gespielt, dachte ich enttäuscht. Das Haus schien tatsächlich abbruchreif zu sein. Zärtlich streichelte ich über das Geländer des Hauses, in dem ich vor vielen Jahren bereits eine kurze Zeit meines Lebens verbracht hatte, und lächelte. Mein Entschluss stand fest. Ich würde das Haus mit den Mitteln renovieren lassen, die mir mein Vater hinterlassen hatte.

Als ich wenig später aus dem Haus trat, hörte ich leises Lachen. Ich drehte mich noch einmal um und rief: „Das Lachen lässt du besser, Großmutter. Die Handwerker könnten sonst annehmen, dass es hier spukt."

Ein magischer Augenblick

Sina klappte ihren Laptop zu und steckte ihn in ihre schwarze Businesstasche, die sie zu Beginn des BWL-Studiums von ihren Eltern geschenkt bekommen hatte.

Inzwischen arbeitete sie in einem alteingesessenen Marketingunternehmen und war in der finanziellen Unternehmensführung tätig. Sinas direkter Vorgesetzter genoss es, sie bei jeder sich bietenden Gelegenheit zu kritisieren. Offenbar hielt er sie für eine Opportunistin, die früher oder später an seinem Stuhl sägen würde.

Als ihr Chef sie vor einer Stunde bat, sich die Buchführung des Sternelokals eines Freundes anzusehen, stimmte sie erfreut zu. Einige Tage ohne den mäkelnden Gerhardt Olden würden ihr guttun.

Sie ließ sich hinters Steuer ihres roten Mini Cooper Cabriolets gleiten, startete und fuhr zunächst nach Hause, um eine Reisetasche mit dem Nötigsten für zwei bis drei Tage zu packen. Direkt anschließend fuhr sie Richtung Nürnberg. Für diesen Tag war lediglich einchecken in das von ihrem Chef gebuchte Zimmer im Burghotel angesagt. Und das war gut so. Nach zweieinhalb Stunden Fahrt wollte sie nur noch ihren wohlverdienten Feierabend genießen und sich nicht in das Finanzchaos des ihr unbekannten Sternekochs knien.

Nachdem Sina ein leichtes Abendessen im Hotelrestaurant zu sich genommen hatte, fühlte sie sich erholt und doch noch nicht müde genug, um sich auf ihr Zimmer zurückzuziehen. Sie verließ das Hotel und schlenderte durch die Straßen und Gassen der mittelalterlichen Altstadt. Plötzlich, sie konnte später nicht mehr sagen weshalb, wurde ihr

Blick auf das mit buntem Glas gestaltete Fenster eines Fachwerkhauses gelenkt. Ihr Herz begann plötzlich heftig zu schlagen. *Hinter diesem Fenster wohnt der Mann, in den ich mich verlieben werde,* dachte sie und schalt sich gleich darauf eine romantikbesessene Idiotin. Schnell wandte sie sich ab und ging weiter. Als sie nach dem ausgedehnten Spaziergang das Hotel betrat, war der magische Moment auch schon vergessen.

***

Nach einem kargen Frühstück machte sie sich auf den Weg zum Lokal des chaotischen Kochs.

Von ihrem Chef wusste sie, zu welcher Tür sie seitlich des Lokals gehen musste, um es zu dieser frühen Stunde betreten zu können. „Hallo", rief sie und machte einen ersten unsicheren Schritt in den schmalen Gang.

„Ich bin hier", antwortete eine markante Stimme und eine Sekunde später erschien auch der dazugehörige Mann. „Sie sind sicher Frau Henning", rief er, während er freudig lächelnd auf sie zuschritt. „Guten ..." Er stutzte einen Moment, bevor er „... Morgen" hinzufügte.

„Ja, die bin ich", antwortete Sina, als er ihr seine Hand entgegenstreckte. Ihr Herz klopfte bis zum Hals. *Was für ein Mann! Reiß dich am Riemen!*

„Ich bin Marvin Landau."

„Guten Morgen, Herr Landau. Was kann ich für Sie tun?", fragte sie schnell, um ihre Nervosität zu unterdrücken.

„Nun ja, Erich hat Sie sicher zur Genüge instruiert. Wenn ich mein Lokal nicht verlieren will – und das will ich keinesfalls – brauche ich dringend Hilfe bei meinen Finanzen", erklärte er offen. Mit einer einladenden Handbewegung bat er sie in sein Büro. „In dieser Ablage liegen die unbezahlten Rechnungen." Er bückte sich, hob einen Karton hoch und stellte ihn auf seinen Schreibtisch ab. „Die bezahlten finden

Sie hier. Seit meine Bürokraft in Elternzeit ist, herrscht hier das Chaos. Ich weiß, ich hätte längst nach einer Aushilfskraft suchen müssen, aber ..."

Sina nickte vor sich hin. „Ich schau mir das mal an."

„Danke, danke. Sie sehen nicht nur aus wie ein Engel, Sie sind einer", charmierte er und schaute sie dabei an, als hätte sie tatsächlich Flügel.

In Sinas Bauch kribbelte es, als flatterten tausend Schmetterlinge auf einmal darin herum, und es wurde ihr ganz warm ums Herz. Um sich abzulenken, setzte sie sich und begann damit, die Rechnungen zu sortieren. „Am besten Sie lassen mich jetzt allein."

„Ja ..., ja klar", antwortete er verstehend und fügte erklärend hinzu: „Ich fahre dann mal auf den Markt."

Fast zwei Stunden später warf er einen kurzen Blick in sein Büro und meldete sich zurück. Kurz darauf vernahm sie unterschiedliche Stimmen und infolgedessen Geräusche, wie man sie aus jeder Küche vernahm, in der gekocht wurde.

Irgendwann verspürte Sina ein Grummeln im Bauch. Die Zeiger der Wanduhr standen bereits auf drei Minuten vor zwei. Hungrig nahm sie nun auch Wohlgerüche wahr, die ihre Nase verlockend umschmeichelten.

Als hätte er ihre Gedanken vernommen, wurde die Tür geöffnet und Marvin Landau streckte seinen Kopf durch den Türspalt. „Hunger? Kommen Sie", befahl er freundlich.

Das ließ sich Sina nicht zweimal sagen.

Marvin Landau ließ seinen Blick über die leeren Kartons schweifen. „Sie waren fleißig."

„Erst mal nur sortiert und eingeheftet. Nach dem Essen mache ich mich an die Buchführung", entgegnete sie, während sie dem Koch folgte.

In der Küche angekommen bat er sie, am Table du Chef Platz zu nehmen und servierte ihr das köstlichste Steak, das sie je gegessen hatte.

Nach dem Essen arbeitete sie unverzüglich weiter. Vertieft in ihre Arbeit bemerkte sie erst, als sie die Tischlampe anknipsen musste, wie spät es inzwischen geworden war. Müde gähnend streckte sie ihre Glieder und erhob sich sogleich. *Höchste Zeit fürs Bett.* Sie ergriff ihre Tasche, ging noch einmal zur Küche und rief ein freundliches „Gute Nacht" hinein.

„Warten Sie!", rief Marvin Landau ihr zu. „Morgen ist Ruhetag. Ich hole Sie gegen neun im Hotel ab."

Sina zuckte etwas irritiert mit den Schultern, bevor sie zustimmend nickte. *Was hat er vor?*

„Lassen Sie sich überraschen", sagte er gleich darauf, als hätte er ihre Gedanken gelesen.

***

Pünktlich um neun erschien er im Foyer des Hotels.

Sein Lächeln war ansteckend und brachte ihr Herz erneut zum Stolpern. *Was für ein Mann!*

Während er ihr die Tür seines Wagens aufhielt, sagte er: „Bevor ich Ihnen einen ganz bestimmten Platz in Nürnberg zeige, fahren wir zu mir nach Hause. Ich habe dummerweise etwas Wichtiges vergessen und das muss ich zuvor abholen."

Sina konnte es kaum fassen, als er geradewegs auf das Haus mit dem bunten Glasfenster zusteuerte. *Er wird doch nicht ...*

„Gedulden Sie sich bitte einen Moment. Ich bin gleich zurück", bat er, stieg aus und lief auf das Nachbarhaus zu.

Knapp daneben ist auch vorbei, dachte sie enttäuscht und blickte nach oben zu dem wunderschönen Buntglasfenster, das eben in diesem Moment geöffnet wurde.

„Ich hab's gleich", rief er hinunter, bevor er es wieder schloss.

„Aber ...", flüsterte Sina, einen Blick in Richtung Nachbarhaus werfend, während ein Schauer über ihren Rücken lief, sich sämtliche Härchen aufstellten und ihr Herz einige unregelmäßige Hüpfer tat. „Ich nahm an, Sie wohnen hier", sagte sie, deutete auf das Nachbarhaus und blickte ihn dabei fragend an, als er mit einem offensichtlich gut gefüllten Picknickkorb zurückkam. „Oh! Zurzeit kann ich mein Haus wegen Bauarbeiten nur durch die Hintertür betreten. Die erreiche ich durch ein Gartentürchen, welches das Nachbargrundstück mit meinem verbindet. Ich habe das Haus von meinen Großeltern geerbt und restaurieren lassen. Nur an das Buntglasfenster durfte niemand Hand anlegen", erklärte er und deutete nach oben. „Das hat mein Großvater selbst gemacht. Ist es nicht schön?"

Sina nickte zustimmend. „Ja, wunderschön."

Die neue Welt

Keine Ahnung, weshalb ich an jenem Tag ausgerechnet diesen Weg nahm. Es erschien mir wohl sinnvoll, nicht durch die Stadt mit all ihren Ampeln, Baustellen und Umleitungen zu fahren, sondern über die Umgehungsstraße. Dazu ist sie schließlich da. Möglicherweise hatte ich auch einfach nur Lust, mal etwas anderes zu tun als das sonst Übliche.

So fuhr ich also über Land und betrachtete die Umgebung, während ich mich oberflächlich auf die Straße konzentrierte. Obwohl ich bereits zweimal als Beifahrer diese Straße entlanggefahren war, konnte ich mich nicht an die Landschaft erinnern. Vermutlich, weil ich mich mit dem Fahrer des Wagens so gut unterhalten hatte, dass ich sie nicht beachtete. Kurz überlegte ich, dass ich, selbst wenn ich mich hier verfahren würde – was gar nicht möglich war, da ich über diese Straße fast automatisch mein Ziel erreichte – nicht so weit von zu Hause entfernt wäre, um nicht wieder heimzufinden. Kaum hatte ich diesen lächerlichen Gedanken verworfen, bemerkte ich plötzlich eine Veränderung, die sich direkt vor meinen Augen und doch fast unbemerkt vollzog.

Die herbstliche Landschaft, die ich eben noch so wohlwollend betrachtet hatte, umgeackerte braune Felder und solche, auf denen bereits winzige Halme der Wintergerste zu sehen waren, abgeerntete Maisfelder, Apfel- und Birnbäume hatten einem Mischwald Platz gemacht. Ich warf einen Blick in den Rückspiegel. Auch hinter mir hatte sich die Landschaft verändert.

Was …, was …, wo …, wie …?

Unfähig, vor Staunen und Verwirrung einen klaren Gedanken fassen zu können oder einfach anzuhalten, fuhr ich weiter eine Straße entlang, die sich ebenfalls verändert hatte. Bevor ich all das begreifen konnte, saß ich nicht mehr hinter dem Steuer meines Wagens, sondern mitten auf einem schmalen Trampelpfad. Nachdem ich mich völlig konfus umgesehen hatte, erhob ich mich, drehte mich im Kreis und ging einige Schritte in die Richtung, in der ich mein Zuhause vermutete.

Als ich nach einer langestreckten Kurve einen einladenden Landgasthof entdeckte, schritt ich auf ihn zu. Vor den Fenstern hingen Blumenkästen, in denen bunte Blumen blühten. Verwundert stellte ich fest, dass es sich um Sommerblumen handelte. Geranien, Petunien, Fleißige Lieschen und viele mehr. Ja, die ganze Umgebung hatte sich ein buntes Sommerkleid angezogen. Es musste gegen Mittag sein, da die Sonne hoch am Himmel stand. Und nun bemerkte ich auch die Hitze, die auf meiner sonnengebräunten Haut brannte. „Habe ich eben nicht eine mit weichem Fell gefütterte Jacke getragen?", fragte ich mich irritiert, bevor ich diesen Gedanken jedoch als lächerlich abtat in Anbetracht der Tatsache, dass ich ein ärmelloses T-Shirt zu Leinenshorts an mir entdeckte. An den Füßen weiße Sneakers.

Einen Augenblick blieb ich stehen und blickte mich erneut in der Umgebung um. Abgesehen davon, dass ich mich wohl mitten im Sommer befand, konnte ich mich vor der Tatsache nicht verschließen, dass mir diese Gegend völlig unbekannt war. Was war mit mir geschehen? Träumte ich oder war ich gestorben und befand mich bereits im Paradies?

Verunsichert bückte ich mich und strich über das saftig grüne Gras, das sich auch so anfühlte. Ich stand also wahrhaftig mitten in dieser zauberhaften Gegend.

Etwa fünfzig Meter vom Gasthof entfernt vernahm ich Stimmen und fröhliches Gelächter. Und schon sah ich eine Kellnerin aus der Gaststätte ins Freie treten, beladen mit einem Tablett, auf dem verschiedene Getränke standen.

Durst! Augenblicklich verspürte ich quälenden Durst und

das Bedürfnis nach einem kühlen Bier.

Schnellen Schrittes eilte ich, den Stimmen folgend, zur Gaststätte und grüßte kopfnickend in die Runde der fröhlichen Leute. „Hier ist noch Platz!", rief ein junger Mann und winkte mich freundlich an seinen Tisch.

Sofort bestellte ich bei der Kellnerin ein Helles. Betreten blickte sie mich an, zuckte mit den Schultern und fragte: „Was ist das?"

„Na eine Halbe, ein Bier halt", versuchte ich ihr zu erklären.

„Hopfen und Malz, Gott erhalt's."

„Wo kommen Sie denn her? Bei uns gibt es gesunde Obstsäfte und Limonade."

„Wie? Kein Bier?", fragte ich entsetzt, während ich mich auf den Tischen umsah und betroffen feststellen musste, dass tatsächlich kein einziger Gast ein Bier oder ein anderes alkoholisches Getränk vor sich stehen hatte.

Ich war fassungslos. Gerade als ich ihr erklären wollte, was es mit der Braukunst auf sich hatte, vernahm ich ein durchdringendes, penetrant wiederkehrendes Geräusch aus der Ferne.

„Was ist denn los?", fragte ich, während sich die Umgebung vor meinen Augen auflöste und dem Inneren meines Wagens Platz machte. Im Radio lief ein Oldie, das so ganz in mein eben Erlebtes zu passen schien: „Es gibt kein Bier auf Hawaii …" Entsetzliche Schmerzen in Kopf und Nacken ließen mich aufstöhnen.

„Ein wenig Geduld, wir holen Sie hier raus."

„Was …, was …, wo …, wie …?" Benommen fuhr ich mir mit beiden Händen über Gesicht und Kopf. „Ich glaube, mein Kopf platzt gleich."

„Sie sind da vorne", der Feuerwehrmann deutete in eine bestimmte Richtung, „von der dreckverschmierten Straße abgekommen. Wie es aussieht, sind sie weitestgehend unverletzt. Wegen des Schleudertraumas lege ich Ihnen aber vorsichtshalber einen Stifneck an. Mann! So ein Glück muss man erst mal haben."

Gestern Morgen

Als ich gestern Morgen erwachte, war es viel zu früh am Tag und eigentlich wollte ich noch gar nicht aufstehen. Aber ein merkwürdig ungewohntes Gefühl zwang mich dazu. Nur Sekunden später assoziierte ich dieses Gefühl mit Angst. Doch Angst wovor? Es ging mir gut. Meine Familie befand sich in Sicherheit. Wir hatten ein eigenes Dach über dem Kopf und genug Geld, um für unser tägliches Wohlbefinden zu sorgen.

Da ich mir dieses bedrückende Gefühl also nicht erklären konnte, schlug ich die Decke zurück und schwang meine Beine aus dem Bett. Wie gewohnt blieb ich kurz sitzen und wackelte mit den Zehen, um meinen Kreislauf in Schwung zu bringen. Ein alter Chinese hatte mir diesen Rat vor Jahren mit auf den Weg gegeben.

Danach erhob ich mich und verließ mein Schlafzimmer. Sofort bemerkte ich den etwas süßlichen Geruch nach ..., ja, nach Holunderbeerensaft.

Oh, wie sehr liebte ich diesen Duft, erinnerte er mich doch an meine Kindheit. Jedes Jahr Ende September wurden die Beeren geerntet, aus denen Mama Saft machte. Wir bekamen ihn dann bei Erkältung und Fieber zu trinken.

Dennoch blieb ich etwas verwirrt stehen, da dieser Geruch hier – vor allem zu dieser Jahreszeit – nichts zu suchen hatte.

Durch meine Überlegung wurde die Angst ein wenig zurückgedrängt und als ich den Lichtkegel bemerkte, der aus der Küche in den Flur fiel, machte sie der Neugier Platz.

Hatte ich am Abend zuvor vergessen, das Licht auszuschalten?

Als ich dann auch noch ein Geräusch vernahm, das sich wie das Plätschern von Wasser und das Gegeneinanderstoßen von Geschirr anhörte, ging ich darauf zu. Einen

Augenblick dachte ich: *Das kann doch nur Albrecht sein.* Mein Mann liebte es, mich immer wieder einmal zu überraschen. Und um mir eine Freude zu machen, spült er nun das Geschirr, das ich am Abend zuvor lediglich auf der Abtropffläche der Küchenspüle abgestellt hatte. Ich war einfach zu müde.

Doch fast gleichzeitig schob sich das Bild meines noch schlafenden, leise schnarchenden Mannes vor mein inneres Auge. Ich schüttelte verneinend den Kopf. Er konnte es also keinesfalls sein. Und dann war auch noch der Duft ...

Noch während ich darüber nachdachte, stand ich vor der offenen Tür und schüttelte – nun völlig verwirrt und keines klaren Gedankens fähig – meinen Kopf. Mit dem Rücken zu mir stand eine Frau, die mir sehr bekannt vorkam. Meine Mutter!

Sie schien mich bemerkt zu haben, da sie sich mir zuwandte. „Du bist schon wach? Heute ist Samstag, also keine Schule. Da musst du dich wohl erst daran gewöhnen?"

Wie versteinert blieb ich im Türrahmen stehen. „Ja", sagte ich stoisch vor mich hin nickend, als wäre ich zuvor hypnotisiert worden. Doch wie erwachend wich ich gleich darauf einen Schritt zurück. Sie sah genauso aus wie in meiner liebsten Erinnerung – jung, wunderschön, eine Schürze umgebunden und rührig. Mutter hatte stets etwas zu tun. Ich hatte nie eine bessere Hausfrau kennengelernt. Möglicherweise war ich diesbezüglich voreingenommen, aber genauso empfand ich es.

Neugierig geworden schaute ich mich um und bemerkte erst jetzt die veränderte Umgebung. Mein Herz klopfte bis zum Hals. Ich befand mich im Haus meiner Eltern. *Bin ich wieder Kind?* Eine Frage, die sofort beantwortet werden musste. Also eilte ich ins Bad und starrte mit weit aufgerissenen Augen in den Spiegel. Nein, alles normal, stellte ich fest, als mir eine siebzigjährige Frau entgegenblickte.

Ich war wohl einer Täuschung erlegen. Und doch, was auch immer mit mir geschah, ich befand mich im Bad meiner Eltern, und zwar zu einer Zeit, bevor Papa die Toilette vom Bad getrennt hatte. Da stand auch noch der Holzofen, den er regelmäßig Samstagnachmittags befeuerte. Samstag war Badetag.

Irgendwie hilflos schloss ich meine Augen und kniff mich in die Wange, hoffend, dass der Spuk vorbei war, sobald ich sie wieder öffnete. Aber dem war nicht so. *Bin ich in ein Zeitloch oder so etwas gerutscht? Was stimmt nicht mit mir?*

Ich atmete zwei-, dreimal tief durch und ging zur Küche zurück.

„Jetzt schau mich doch nicht so an, wies Zeiserl wenn´s blitzt. Was ist denn mit dir, Kind? Hast Hunger? Setz dich. Ich mach dir gleich ein Brot", sagte sie, als wäre es das Normalste auf der Welt.

Sieht sie denn nicht, dass ich eine alte Frau bin? Und überhaupt … Meine Mutter war vor zwanzig Jahren gestorben.

Trotzdem zwängte ich mich an der Ecke des Tisches vorbei und setze mich auf meinen angestammten Platz auf der

Eckbank. Nach einem Moment, während dem ich meine geliebte Mutter beobachte, erhob ich mich wieder. „Ich hab keinen Hunger", sagte ich und zwängte mich erneut durch den schmalen Schlitz zwischen Tisch und Büffet. Jetzt erst bemerkte ich es, das Büffet, das in der Küche stand, bevor Papa eine moderne Einbauküche einbauen ließ. Ich war nun viel zu neugierig auf den Rest des Hauses. Unser Wohnzimmer war der Raum, den ich als nächstes betrat. Ich konnte es kaum fassen, als ich die alte Chaiselongue sah und drüber die Tütenlampe an der Wand.

Im Radio lief Blasmusik – wie jeden Sonntagmorgen. Das war Papas Musik. Sie erinnerte ihn an seine ursprüngliche Heimat, den Böhmerwald.

In der Mitte des Zimmers stand ein ausziehbarer Esstisch und vier Stühle. An diesem Tisch wurde nur mit Gästen gegessen. Wir saßen dort am Spieleabend und ich hatte hier immer meine Hausaufgaben gemacht. Es gab weder ein Fernsehgerät noch andere technische Geräte, mit denen sich die Kinder heutzutage beschäftigen. Wir spielten Karten oder irgendein Brettspiel und sprachen miteinander. Ein warmes Gefühl durchströmte meinen Körper. Zuhause!

Vor mich hinlächelnd ging ich in die Küche zurück und musste feststellen, dass sich etwas verändert hatte. Doch noch bevor ich begriff, was es war, stand ich in einem dunklen Raum, in dem mich eine unangenehme Kälte erfasste ...

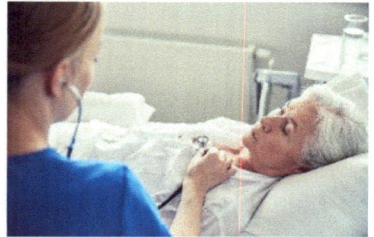

Ich huste, räuspere mich, schlucke, huste erneut und öffne mühsam die Augen. Eine Frau beugt sich über mich. Es ist nicht meine Mutter.

Die Frau trägt eine grüne Haube. Sie lächelt. „Na, da sind Sie ja wieder. Bei der OP ist alles gut gegangen. Sie sind dem Tod nochmal von der

Schippe gesprungen. Haben Sie Schmerzen?"

Etwas irritiert – noch nicht ganz bei mir – vernehme ich ihre Worte und weiß zunächst nichts mit ihnen anzufangen. Doch dann fällt mir wieder ein, dass ich an meinem Herzen operiert werden musste. „Nein", krächze ich und räuspere mich noch einmal. „Durst", füge ich bittend hinzu.

Etwas holprig erinnere ich mich nun wieder an den seltsamen Traum und schließe die Augen in der Hoffnung, ihn zurückholen zu können. *Oder hab ich etwa einen kurzen Blick in den Himmel geworfen?*, überlege ich dem Erlebten nachsinnend.

Ich atme noch einmal tief ein. Ja, damals war so vieles anders. Waren die Menschen genügsamer? Ich weiß nicht, aber ich denke, sie waren dankbar für das, was sie hatten.

Bei mir war es die Familie, bei der ich mich sicher und geborgen fühlte und Freunde – echte Freunde, mit denen ich echte Abenteuer erleben konnte.

Ja, gestern Morgen war es schön …, aber nun wartet die Zukunft auf mich.

Leise Töne

Leise, liebevolle Worte dringen in mein Ohr. Sanft streichelst du meine Wange und küsst mich auf die Lippen. Ich weiß, dass du es bist. Meine Hand liegt in deiner Hand und ich fühle mich geborgen. Musik erklingt aus der Ferne und ich beginne zu tanzen. Du lächelst mich an und ziehst mich in deine Arme. Die Welt steht still und ich bin glücklich. Noch eine Umdrehung. Halt mich fest! Lass mich nicht los! Oh, geh nicht fort.

Doch du gehst. Streckst mir die Hand entgegen, die ich ergreifen soll, doch nicht ergreifen kann. Du rufst mir etwas zu, das ich nicht verstehe und gehst durch das weit geöffnete Tor, das sich hinter dir schließt, bevor ich es erreiche. Mit bloßen Fäusten schlage ich dagegen, rufe deinen Namen. Doch du hörst es nicht.

Horch! Da sind sie wieder, die sanften Töne, die mein Herz freudig schlagen lassen. Und du, du bist wieder da.

Atemberaubend schön der Anblick des Meeres, dessen Wellen wild sich türmen und auf ihrem Weg zum Ufer zunehmend sanfter werden, um am Ende wie ein Rinnsal über den Sandstrand zu kriechen. Du hebst die Hand, deutest auf ein Boot, das vor uns auf den Wellen schaukelt. Ich nicke dir freudig zu. Lachend, überschäumend vor Glück laufen wir Hand in Hand ins erfrischende Nass.

Plötzlich fühle ich eine unangenehme Kälte. Eine heftige Welle zieht mir die Füße vom Boden und zerreißt das Band der Sicherheit, die ich an deiner Seite spürte. Wolken rotten sich am Himmel zusammen und verdecken den eben noch strahlenden Sonnenschein. Das Boot treibt über den Wellen dahin, bis es hinter dem Horizont verschwindet. Wieder bin ich allein, allein in diesem großen weißen Raum.

Doch dann dringen deine Worte wie durch Watte in mein Ohr: „Ich liebe dich. Komm zurück zu mir."

Ich blicke mich um, drehe mich im Kreis. Wo ist die Tür, durch die ich zu dir gelange? Ich kann nicht atmen. Angst umklammert meine Seele und Tränen laufen über meine Wangen. So viele Tränen, in denen ich fürchte ertrinken zu müssen.

Nein, da ist sie ja, deine Hand, die meine hält. Sanfte Töne aus der Ferne dringen an mein Ohr. Sie lassen mich lächeln und ich beginne zu tanzen ...

Der seltsame Fremde

Wie kann ich das schaffen, frage ich mich zum hundertsten Mal. Seit mehr als einer Stunde sitze ich hier auf dieser Bank und starre entweder auf den See oder vergrabe mein Gesicht in den Händen.

Es ist spät geworden. Die Sonne ist hinter den Büschen, die den Park umzäunen, fast versunken. Bald wird die Dunkelheit den Tag verschlingen und ich habe immer noch keine Lösung gefunden. Wie auch, vernebelt mir doch der Schmerz in meinem Herzen jeden vernünftigen Gedanken. *Ich muss wohl aufgeben. Doch was dann?*

Plötzlich spüre ich eine Hand, die sich wie tröstend auf meine linke Schulter legt. Ich wende mich zur Seite, blicke zurück und sehe … nichts. Da war wohl der Wunsch Vater des Gedankens. Ja, ich habe mir das Gefühl wohl nur eingebildet. Wie gerne hätte ich jemanden an meiner Seite, der es gut mit mir meint. Die Erfüllung eines Wunsches, den ich so hoffnungsvoll gen Himmel geschickt habe, kommt als Placebo bei mir an. Nichts! Ich starre immer noch über meine Schulter, als würde er dadurch vielleicht doch noch wahr – dieser Wunsch. *Nein!* Ich schüttle erkennend den Kopf. *Ich bin allein.*

„Was tust du hier so allein?", vernehme ich in diesem Moment die sonore Stimme eines Mannes an meiner rechten Seite.

Ich wende mich der Stimme zu und sehe einen Mann, dessen staubige, teilweise zerschlissene Kleidung darauf hindeutet, dass er offensichtlich einen weiten Weg hinter sich hat. „Wer sind Sie? Und was wollen Sie von mir?", frage ich verblüfft und auch ein wenig abgestoßen von seinem ungepflegten Äußeren. Offensichtlich handelt es sich um einen Obdachlosen. Allerdings riecht er entgegen meiner Erwartung über solche Clochards weder unangenehm nach Alkohol noch, als hätte er sich tagelang nicht gewaschen. Ich höre meine Mutter sagen: „Nicht das Äußere eines Menschen darf uns interessieren, nur die inneren Werte sind wichtig." Ob sie damit auch Landstreicher gemeint hat?

Ohne meine Fragen zu beantworten, spricht er einfach weiter. „Junge Menschen sollten unter Gesellschaft sein, sollten Geschichten erzählen, singen, tanzen und lachen. Was zwingt dich dazu, hier so alleine und in dich gekehrt zu sitzen?"

„Geht Sie das etwas an? Was wollen Sie von mir?", frage ich noch einmal ungeduldig und, zugegeben, etwas von oben herab. Doch was kann mir dieser Bettler oder Landstreicher schon Hilfreiches sagen? Ich erhebe mich, um schnellstmöglich von ihm wegzukommen.

„Bleib!", befiehlt er zwar freundlich, aber durchaus bestimmt.

Ich wende mich ihm zu und – entgegen meinem Vorhaben – setze mich wieder. Es ist, als hätte er oder auch nur seine Stimme irgendwie Macht über mich. Irritiert über mein eigenes Verhalten blicke ich ihn fragend an.

Er lächelt.

Seltsamerweise beruhigt mich dieses Lächeln und schenkt mir eine wohlige Sicherheit. „Wer sind Sie? Und sagen Sie mir endlich, was Sie von mir wollen", fordere ich ihn erneut auf und schüttle nun – in Anbetracht eines Fremden, der mir etwas befehlen will – skeptisch den Kopf. „Sie kennen mich doch gar nicht."

„Ich kenne dich besser als du dich selbst", sagt er freundlich. „Glaube, und ich werde die Ketten deiner Angst sprengen, die dein Herz so schmerzhaft umklammern."

„An was soll ich glauben? Etwa an Sie?"

Auch diese Frage beantwortet er nicht. Wieder lächelt er freundlich. „Glaube an dich selbst und an all die Menschen, die gerne bereit sind, dir beizustehen. Ja, es gibt Situationen im Leben, die einen Menschen an den Rand der Verzweiflung bringen können. Auch für dich wird es in naher Zukunft nicht nur leichte Tage geben. Du wirst um Hilfe bitten müssen", sagt er, als wüsste er welcher Kummer mich plagt.

„Was wissen Sie denn?", antworte ich trotzig, obwohl mir allein schon seine Worte irgendwie Trost gespendet haben. Ich blicke zum Himmel, der sich inzwischen verdunkelt hat. Mich fröstelt. *Ich sollte gehen.*

„Jeder Mensch hat ein Recht darauf, glücklich zu sein. Und da das wahre Glück aus der Tiefe des Herzens entspringt, solltest du auf dessen Rat hören."

Ein armer Irrer. Auf mein Herz hören ..., besser es schweigt, macht ohnehin nur Unsinn. Ohne mein Herz wäre ich nicht da, wo ich jetzt bin, denke ich, während ich mich erhebe und – ich weiß nicht weshalb – aber laut sage: „Mir selbst kann ich zurzeit nicht helfen, aber für zwei Getränke reicht mein Geld noch und für eine Brotzeit auch. Da drüben am See steht ein Gasthof. Lassen Sie uns in den Biergarten gehen. Ich lade Sie ein."

Der Alte lächelt, erhebt sich und folgt mir. Wenig später nehmen wir an einem der Tische Platz. Er setzt sich mir gegenüber. Ich sehe ihn an und stelle verwundert fest, dass er gar nicht so abgerissen und ärmlich wirkt. Er trägt einfache, aber dennoch ordentliche Kleidung. *Entweder ich habe mich verguckt oder es lag an meiner Weltuntergangsstimmung. Vielleicht aber auch nur an der Atmosphäre.* Die Kellnerin tritt an unseren Tisch und fragt nach meinen Wünschen.

Ich verspüre nun tatsächlich ein leichtes Hungergefühl und bestelle eine Apfelschorle und einen Wurstsalat. Sie lächelt und geht. Mein Gegenüber wird von der Kellnerin nicht beachtet.

„Haben Sie denn keinen Hunger?", frage ich.

Er schüttelt verneinend den Kopf. „Nein, ich habe keinen Hunger. Aber nun, mein Kind, berichte mir von deinem Kummer, der dich so verzweifeln lässt?"

Er kennt mich doch besser als ich mich selbst, erinnere ich mich an seine Aussage, die ich nun jedoch als Floskel erkenne und als unwichtig von mir schiebe. Ist es sein Blick, die Ruhe, die er ausstrahlt? Ich weiß es nicht. Zunächst zögernd, dann immer flüssiger erzähle ich von meiner ungewollten Schwangerschaft, dem Mann, der sich weigert die Verantwortung dafür zu übernehmen, und von meinem Studium. „Ich habe keine Ahnung, wie ich das schaffen soll."

„Ja", er nickt zustimmend, „es gibt Krankheiten, Umweltkatastrophen, Kriege – Menschen leiden und sterben. Und dann sind da noch die Sorgen, die einen direkt angehen und einen selbst plagen. Diese Sorgen empfinden wir stets als die größten, aber sieh dich mal um ...", sagt er und fordert mich mit einer Geste dazu auf. „Du siehst hier Menschen, die wie du ihre eigenen Sorgen und Kümmernisse haben. Das einzige aber, das zählt, ist der Umgang damit."

Ich wende meinen Blick und bemerke einen Mann im Rollstuhl, der den Ball eines Jungen fängt und dabei überglücklich lacht. An einem Tisch in der Nähe sitzt eine Familie: Vater, Mutter, ein Junge und ein Mädchen. Das Mädchen wendet sich in diesem Augenblick in unsere Richtung – Downsyndrom. Für die Eltern scheint dies keine Rolle zu spielen. Es ist der Familie deutlich anzusehen, wie glücklich sie ist. Eine Frau geht in diesem Moment am Arm eines jungen Mannes an unserem Tisch vorbei. Sie trägt einen Turban und es ist ihr deutlich anzusehen, dass es ihr gesundheitlich nicht gut geht.

„Der junge Mann, der sie begleitet, ist ihr Sohn", erklärt der Fremde. „Ein inoperabler Tumor zerstört ihr Gehirn. Sie weiß, dass sie sterben muss, und hat sich mit der Krankheit abgefunden. Ihr Sohn liebt sie sehr. Er konnte die Diagnose zunächst nicht akzeptieren. Ihm zuliebe unterzog sie sich nach der Operation einer Chemo und Strahlentherapie. Sie verlor ihre Haare, Übelkeit und Schmerzen waren eine weitere Folge. Doch jetzt begleitet er sie auf ihrem Weg und sie genießen die Zeit, die ihnen bleibt. Die Eltern des Mädchens mit Downsyndrom waren nach ihrer Geburt verzweifelt. Schau sie dir an, wie glücklich sie nun sind. Der Mann im Rollstuhl – er hatte einen schweren Autounfall, der ihn fast das Leben kostete. Er lag wochenlang im Koma und als er zu sich kam und erfuhr, dass er nie wieder würde laufen können, wollte er sich das Leben nehmen. Sorgen und Kummer gibt es überall."

„Dieses Szenario haben Sie aber nicht für mich arrangiert?", frage ich sarkastisch.

Die Kellnerin tritt erneut an unseren Tisch, serviert das Getränk und stellt den Wurstsalat vor mir ab. „Guten Appetit", sagt sie freundlich und geht wieder.

Ich blicke ihr nach und schüttle irritiert den Kopf, bevor ich das Glas nehme und daran nippe. „Die Kellnerin ist mir gegenüber zwar freundlich, aber Ihnen gegenüber zeigt sie die kalte Schulter. Ziemlich respektlos, wie Sie von ihr mit Nichtachtung gestraft werden."

„Das hat einen anderen Grund", antwortet er und fügt hinzu, „sie kellnert übrigens nur in ihrer Freizeit."

„Ach! Sie kennen die Frau? Das erklärt einiges", meine ich mit leicht zynischem Unterton und schmunzle vor mich hin. Dann schiebe ich eine Gabel Wurstsalat in meinen Mund und kaue genüsslich.

Er geht nicht auf meine Bemerkung ein. „Sie studiert Kinderpsychologie."

„Da hat sie sich ja einiges vorgenommen. Aber was hat das mit mir zu tun?"

„Sie hat vor anderthalb Jahren einem gesunden Mädchen das Leben geschenkt. Ihr damaliger Freund hat sie verlassen. Was ich dir sagen will … Das alles sind nur einige Beispiele. Alle Menschen haben irgendwann während ihres Lebens Kummer, Sorgen, sind mitunter unglücklich und verzweifelt. Dabei spielt es keine Rolle, ob sie arm oder reich sind. Ja, es gibt Menschen, die auf die eine oder andere Art daran verzweifeln, doch die meisten nehmen ihren Mut zusammen und kämpfen. Sie spüren etwas in ihrem Herzen, das ihnen Hoffnung und Kraft gibt."

„Und was soll das sein? Ich spüre gerade nämlich nichts in meinem Herzen", antworte ich zornig, breche ein Stück Brot ab, schiebe es in meinen Mund und eine weitere Gabel Wurstsalat hinterher. *Der Alte geht mir langsam auf die Nerven.*

„Oh doch, mein Kind, du spürst Wut und Verzweiflung, doch unter diesen Gefühlen ganz tief in deinem Herzen steckt das Wissen, dass alles gut wird. Du musst diesem Wissen nur Raum geben, dann wirst du erkennen, dass du nicht allein bist."

„Aber ich bin allein!", flüstere ich vor mich hin.

Er schaut mich an, als warte er auf die Aufzählung all meiner Möglichkeiten.

„Ich kann nicht kellnern. Ich studiere Mathematik und habe zwei linke Hände", erkläre ich, während ich an die Kellnerin denke und keine Ahnung habe, was ich stattdessen tun könnte.

Er lacht. Er lacht so laut, dass ich fürchte, die Aufmerksamkeit der anderen Gäste auf uns zu ziehen. Doch niemanden scheint es zu kümmern. Ich schüttle erneut den Kopf und kann ein Lächeln nicht unterdrücken. Plötzlich ist es, als hätte sein Lachen den Druck, der meine Brust wie einen Panzer umspannt hat, regelrecht auseinandergesprengt. Ja, ich kann atmen und da ist ein Gefühl, das Hoffnung in mir weckt. *Verdammt nochmal! Ich bin jung, kerngesund und ja – der Alte hat recht – ich bin nicht allein, nur weil der Idiot mich verlassen hat. Soll er sich doch vor seiner Verantwortung drücken, ich nehme sie an.*

Während mich diese Gedanken in ihren Bann ziehen, bemerke ich zunächst nicht, wie sich der Alte erhebt und weggeht. Erst als ich mich bei ihm bedanken will, erkenne ich, dass er sich bereits ein gutes Stück von mir entfernt hat. Ich erhebe mich, um ihm zu folgen.

In diesem Moment tritt die Kellnerin an meinen Tisch. „Ist etwas nicht in Ordnung?"

„Nein, alles okay", antworte ich und frage mich selbst, weshalb ich mich erhoben habe. „Saß da eben nicht ein …?", murmle ich vor mich hin. *Ja, der Alte. Wo ist er?*

„Ich habe niemanden gesehen. Sie saßen allein hier", beantwortet sie meine mir selbst gestellte Frage und schaut mich an, als wäre ich nicht ganz bei mir. „Kann ich noch etwas für Sie tun?"

„Nein danke, alles in Ordnung", sage ich mit fester Stimme. Plötzlich weiß ich … ja, ich weiß mit absoluter Sicherheit, um wen es sich bei dem Alten gehandelt hat.

Frau mit Geheimnis

Bernd Geiger, ehemaliger Finanzberater einer großen Bank, mittlerweile Rentner, lebte seit dem Tod seiner Frau ziemlich zurückgezogen. Doch dann, eines Abends, sah man ihn im dunklen Anzug, weißes Hemd und Fliege sein Haus verlassen, in den Mercedes steigen und wegfahren.

Erst Wochen später, als eine elegant gekleidete, sehr schöne Frau mittleren Alters seinem Auto entstieg, sollte die Nachbarschaft erfahren, was sich an jenem Abend zugetragen hatte.

Wie jede Woche hatte Bernd an einem Preisausschreiben seiner TV-Zeitschrift teilgenommen und diesmal tatsächlich gewonnen – einen Opernbesuch in Nürnberg. Er hatte mit Oper nichts am Hut und finanziell sehr gut gestellt, war er auch nicht auf den Gewinn einer Karte angewiesen. Doch Bernd war Schwabe und das war Grund genug, die Karte keinesfalls verfallen zu lassen. Also verbrachte der ruhige, stets besonnen handelnde Mann den Opernabend an der Seite einer fremden, aber wunderschönen und reizenden Frau, die er anschließend zu einem Besuch in ein Weinlokal einlud. Es stellte sich heraus, dass Christina in der nur etwa acht Kilometer von seinem Dorf entfernten Stadt lebte. So kam es, dass Bernd diese Frau, mit der er sich von Anfang an gut verstand, regelmäßig besuchte. Nach einigen Wochen unterbreitete er ihr den Vorschlag, zu ihm zu ziehen. Sie nahm sofort erfreut an.

 An einem Samstag im Juni stand sie nun neben Bernds Wagen in der Einfahrt und betrachtete seine Villa und den prächtig angelegten Garten, während er ihr Gepäck aus dem Kofferraum wuchtete.

Das Ehepaar von gegenüber stand fassungslos hinter ihrem schmiedeeisernen Gartentor und beobachtete das Geschehen, ohne sich von der Stelle zu rühren. „Ja, Bernd", fasste sich der Nachbar dann doch ein Herz, „was hat das denn zu bedeuten?"

„Oh! Mathias, da kann ich euch doch gleich miteinander bekannt machen. Das ist meine Frau Christine. Wir haben gestern standesamtlich geheiratet und heute zieht sie bei mir ein." Seiner Frau stellte er daraufhin das Ehepaar vor, das mit offenen Mündern sprachlos dastand, bevor er sich mit schelmischem Grinsen auf den Lippen verabschiedete.

„Ja, dann herzlichen Glückwunsch", rief ihnen die Nachbarin nach und wandte sich an ihren Ehemann: „Ob das gutgeht? Die ist doch mindestens zwanzig Jahre jünger als er."

***

Ein halbes Jahr war inzwischen vergangen. Christina wurde von den Männern der Nachbarschaft begehrt und angeschmachtet, was den Frauen natürlich zunächst ganz und gar nicht gefiel. Sie akzeptierten sie zwar als Bernds Frau, aber sie wurde auch skeptisch beäugt. Allerdings dauerte es nicht lange, bis auch die Frauen Christinas sanftem Wesen, ihrem heiteren Charme, ihrer Freundlichkeit und Hilfsbereitschaft verfielen. Und bald war sie die beliebteste Person in der Siedlung.

Christina fuhr mindestens einmal in der Woche einen Tag in die nahe gelegene Stadt, da sie dort, laut Bernds Aussage, in einem Büro für Gesundheitsartikel einer belgischen Firma arbeitete. Sie dagegen sprach nie über ihre Arbeit. Diesbezügliche Fragen überging sie oder wechselte geschickt das Thema. Ab und an regte das dann zwar zu Spekulationen an, doch im Laufe der Zeit wurde allgemein akzeptiert, dass sie während ihrer Freizeit einfach keine Lust hatte, über ihre Arbeit zu sprechen.

Eines Tages joggte eine Nachbarin an Bernds Haus vorbei und wurde Zeugin eines lauten Streits. Sie konnte nur wenig verstehen, aber es hatte wohl mit Christinas Arbeit zu tun. Da musste etwas Arges vorgefallen sein, denn so kannte man Bernd nicht. Ihre eben noch heitere Laune veränderte sich schlagartig. Das musste bei einer Tasse Kaffee mit den anderen Frauen der Nachbarschaft besprochen werden. „Stellt euch vor, sie haben gestritten", erklärte sie und löste damit eine heftige Diskussion aus. „Christina soll wohl ihre Arbeit aufgeben. Niemals hätte ich Bernd zugetraut, dass er sich dieser wunderbaren Frau gegenüber so derart gemein und egoistisch verhält. Ich hoffe nur, er hat ihr nichts angetan. Die Gute ist doch so sensibel. Wir müssen ihr beistehen."

Von diesem Tag an bekamen auch andere Nachbarn Streitigkeiten zwischen dem Ehepaar mit. Christina wurde allgemein bedauert und fast jeder bot ihr Hilfe an.

Zwei Tage vor Karfreitag, es war bereits spät am Abend, wuchtete Bernd eine Reisetasche in den Kofferraum seines Wagens und fuhr weg. Niemand hatte es mitbekommen.

Erst am anderen Morgen bemerkte Jochen – ein Nachbar, der Bernd bitten wollte, ein Auge auf seine Bankunterlagen zu werfen – die offenstehende Haustür. Er läutete dennoch und erst, als niemand zur Tür kam, betrat er das Haus. „Bernd, die Tür ist offen. Ich komme mal rein. Wo steckst du denn?", rief er und machte sich auf den Weg zur Küche. Was er dort entdeckte, ließ ihn vor Schreck zurücktaumeln.

Mitten auf dem Küchenboden lag Bernds wunderschöne Frau mit einem riesigen Küchenmesser in der Brust. „Christina", flüsterte er und starrte sie einige Sekunden an. „Wawa … was ist mit dir?", rief er ihr stotternd zu. Schon wollte er zu ihr eilen, in der Hoffnung, ihr möglicherweise noch helfen zu können, doch in derselben Sekunde erkannte er, wie unsinnig das in Anbetracht der Blutlache war. Er blieb stehen, zog sein Handy aus der Gesäßtasche seiner Jeans und verständigte die Polizei.

Wenig später wimmelte es von Polizisten. Und noch bevor der Rechtsmediziner eine erste Leichenschau vorgenommen und die Bestatter den Leichnam aus dem Haus getragen hatten, leitete die Kripo die Fahndung nach dem Ehemann in die Wege. Die Nachbarn wurden befragt und die Aussagen über die Streitigkeiten des Ehepaars zur Kenntnis genommen. Von Anfang an stand fest – Bernd Geiger war der Täter.

Lediglich Jochen konnte sich nicht vorstellen, dass Bernd zu einem Mord fähig war. Er wählte dessen Handynummer und als dieser seinen Anruf tatsächlich annahm, berichtete er ihm, was in seinem Haus geschehen war.

„Ich komme", sagte Bernd bestimmt und beendete das Gespräch.

Etwa drei Stunden später traf er auf der Polizeiwache ein und wurde sofort vernommen. „Ich war auf dem Weg nach Stahlbrode, um mit der Fähre nach Glewitz zu fahren. Meine Schwester lebt auf Rügen."

„Sie wollten sich aus dem Staub machen", stellte der Kriminalkommissar fest.

„Nein, ich wollte einfach mal in Ruhe über meine Situation nachdenken."

„Dafür werden Sie jetzt eine Menge Zeit haben", sagte der ihm gegenübersitzende Beamte und lehnte sich zufrieden zurück.

„Ich habe meine Frau nicht getötet. Nachdem ich zufällig herausgefunden hatte, welcher Arbeit sie nachgeht, versuchte ich zunächst, ihre Neigung zu akzeptieren, doch das endete stets in Streitereien. Als ich am Abend das Haus verließ, lebte meine Frau noch."

„Sie wussten also, dass Ihre Frau als … Domina arbeitete", bemerkte der Beamte und meinte mit schiefem Lächeln herablassend: „Da kann man schon mal ausrasten als biederer Ehemann. Das verstehe ich. Aber warum haben Sie nicht einfach die Scheidung eingereicht?"

„Sie verstehen gar nichts. Genau darum wollte ich meine Schwester aufsuchen. Sie ist Anwältin für Scheidungsrecht. Ich bitte Sie, allein die Vorstellung, wie meine Frau … Gestern hatte ich die Streitereien einfach satt."

„Und da ergriffen Sie das Messer und stießen es in die Brust ihrer Frau", mutmaßte der Kriminalkommissar. Er stellte Bernd noch einige Fragen und ließ ihn dann ins Untersuchungsgefängnis bringen.

Da Bernd Geiger auf Grund der bisherigen Ermittlungen und der nur unklaren Beweislage jedoch nicht verurteilt werden würde, wurde weiter ermittelt.

Die Ermittlungen wurden bundesweit ausgedehnt. Die Beamten des BKA fanden heraus, dass es sich bei dem Mörder um einen Mann handeln musste, der laut DNA bereits in anderen Städten gemordet hatte. Das war der Zeitpunkt, als die Beamten sich darüber klar wurden, dass es sich bei dem Mörder um einen Serientäter handelte, der ansonsten ein unbescholtener Bürger zu sein schien, da er strafrechtlich noch nie in Erscheinung getreten war.

Einige Wochen später wurde eine Frauenleiche in Berlin aufgefunden. Und wieder wurden an der Leiche Spuren derselben DNA gefunden wie bei Christina und einer Frauenleiche, die bereits vier Jahre zuvor ermordet aufgefunden worden war. Außerdem fanden die Beamten beim Vergleich von gesichertem Fotomaterial aus vorhandenen Überwachungskameras und laut anschließenden Zeugenbefragungen heraus, dass der Täter stets in unterschiedlichen Verkleidungen aufgetreten war. So konnte der Mann zwar als Täter erkannt werden, aber dennoch unerkannt bleiben. Außerdem blieb er nach jeder seiner Taten für Wochen und manchmal gar für Monate unsichtbar, … bis er erneut mordete.

Bei genaueren Ermittlungen fanden die Beamten dann heraus, dass es sich bei allen Opfern – obwohl sie immer in ihren Wohnungen getötet worden waren und nie in deren Praxen – um Dominas handelte. Weshalb der Täter nur Frauen dieses Berufsstandes tötete, konnte auf Grund des momentanen Standes der Ermittlungen freilich noch nicht geklärt werden. Natürlich gab es diverse Vermutungen.

Wie auch immer …, da der Täter also bislang nicht identifiziert werden konnte, war es bis heute nicht gelungen, ihn festzunehmen.

Sollte sich also eine Domina unter uns befinden, seien Sie auf dem Heimweg bitte wachsam.

Aufgedeckt

In Zusammenarbeit mit meiner Kollegin Henrike Straub entstanden

Gedankenverloren spielte Sophia mit dem Hausschlüssel in ihrer Hand, den ihr der alte Nachbar übergeben hatte, während Wolken vor die Sonne zogen und den Himmel verdüsterten.

Sollte sie wirklich alleine hineingehen? Es war schon so viele Jahre her, dass sie fast alle ihre Ferien und etliche Wochenenden in diesem Haus, dem Haus ihrer Tante Johanna verbracht hatte, und vor gerade einmal drei Monaten hatte Sophia vom Tod ihrer Tante und der Erbschaft erfahren.

Tante Johanna hatte nie geheiratet und eine Familie gegründet, obwohl sie eine attraktive Frau gewesen war – selbst noch im Alter. Und so trat Sophia wohl oder übel das Erbe an und musste das Haus und alles, was darinnen war, begutachten.

Die Wolken wurden dichter, dunkler, wirkten regelrecht bedrohlich und jagten Schattenfetzen über die Fassade mit den lichtlosen Fenstern, die auf Sophia starrten wie leere Augenhöhlen in einem Totenschädel. Ein Schauder lief über ihren Rücken. Nein! Sie schüttelte sich – das ist doch nur Einbildung, sie sollte nicht so viele Gruselromane lesen!

Entschlossen öffnete sie das Gartentor und ging auf die Haustüre zu, während der Wind im Vorbeistreichen eine Gänsehaut auf Sophias Armen erzeugte.

Als sie den Schlüssel im Schloss umdrehte, kam sie sich vor, als wäre sie in ihre Kindheit zurückversetzt. So viele Erinnerungen hingen in der Luft wie Nebelschleier in einem

Regenwald. Schnell ging sie hinein, denn es wurde unangenehm kühl draußen und sie hatte keine Jacke dabei.

Das Haus hatte eine eigenartige Bauweise, fast wie amerikanische Häuser. Über einen kleinen Vorplatz, abgetrennt durch eine halbhohe Wand, kam man gleich in das Wohnzimmer, von dem aus die hinteren Räume zu erreichen waren. Zusätzlich konnte man durch eine Hintertüre vom Garten aus in die Küche, den Flur und an der Kellertür und der Gästetoilette vorbei zum Treppenhaus gelangen, das nach oben zu den Schlafräumen und dem Bad führte.

Sophia sah sich im Wohnzimmer um. Dort in der Ecke stand der Lehnstuhl, der Lieblingsplatz ihrer Tante. Fast ehrfürchtig setzte sich Sophia hinein und ließ ihren Blick umherstreifen. Die Tante hatte sich in das alte Haus verliebt, hatte es renoviert und in ein Schmuckkästchen verwandelt.

Wie in einem Film liefen Erinnerungsfetzen an Sophias innerem Auge vorbei: Die gemeinsamen Bastelabende am Wohnzimmertisch, die von der Tante organisierten Kinderfeste, zu denen die Kinder aus der Umgebung eingeladen wurden, die Regennachmittage vor dem Fernseher, wenn Tante Johanna mit ihr die Zeichentrickfilme von Walt Disney anschaute. Sophia erinnerte sich auch an die Erzählungen über den Vorbesitzer des Hauses und die seltsamen Umstände seines Verschwindens.

***

Eines Tages war ein Neffe des damaligen Besitzers des Hauses aufgetaucht, ein Neffe, von dem bis zu diesem Zeitpunkt niemand etwas gehört hatte. Nach nur wenigen Wochen seiner Anwesenheit hatte er den alten Herrn plötzlich wegen Altersdemenz, die bis dahin niemand bemerkt hatte, in ein Pflegeheim eingeliefert. Seltsam, dass er sich nicht von seinen Nachbarn und Freunden verabschiedet hatte –

was aber möglicherweise an der Vergesslichkeit lag. Auch hatte nie jemand erfahren, in welchem Heim der Mann untergekommen war. Er war wie spurlos verschwunden. Als der Neffe dann auch noch das Haus im Auftrag seines Onkels verkaufte, kursierten die unterschiedlichsten Gerüchte und Vermutungen im Ort.

***

Kopfschüttelnd stand Sophia auf. „Was die Leute sich nicht so alles erzählen", murmelte sie. Ihre Tante hatte diese Gerüchte immer mit einem Schulterzucken als Unsinn abgetan. Trotzdem – es hatte Sophia als Kind beängstigt. Und nicht nur das.

Der Weg durch das Haus – und ihre Vergangenheit – führte sie in die Küche. Der vertraute Geruch war immer noch vorhanden und Sophia erinnerte sich an die vielen Stunden, die sie mit ihrer Tante zusammen hier gebacken und gekocht hatte. Ihre Kochkünste, die von den Freunden immer wieder gelobt wurden, hatte sie Tante Johanna zu verdanken.

Der Blick aus dem Fenster war der Gleiche wie immer, im Nachbargarten sah sie den alten Franz Drechsel arbeiten. Sophia winkte ihm aus dem Fenster zu, als er sich umdrehte. Er war nicht nur Nachbar, sondern auch Freund. Tante Johannas Freund – und für Sophia ein väterlicher Freund ihrer Kindheit. Zu ihm konnte sie immer kommen, wenn sie Kummer oder Sorgen hatte, über die sie mit ihrer Tante nicht sprechen wollte.

Das nächste Zimmer, das Sophia ansehen wollte, war das Gästezimmer. Auf dem Weg nach oben musste sie an der Kellertüre vorbei. Schon der Gedanke daran ließ ihr die Nackenhaare hochstehen. Der Keller – daran hatte sie gar keine guten Erinnerungen. Schon als Kind hatte sie Angstgefühle, wenn sie in den Vorratskeller des alten Hauses hinuntersteigen musste. Ihre Tante und der Nachbar konnten Sophia nie von ihrer Überzeugung abbringen, dass unten im Keller ein Geist wohnte.

Schnell ging sie an der ungeliebten Kellertüre vorbei, als ein kalter Windhauch ihr Gesicht streifte und sie erschaudern ließ. „Verdammt noch mal! Ich bin eine erwachsene Frau, wieso verfolgt mich diese Angst immer noch? Das war doch nur kindliche Einbildung!", schoss es ihr durch den Kopf. Immer zwei Stufen auf einmal nehmend wie als Kind, lief sie die Treppe hoch und betrat das Gästezimmer. Wie oft hatte sie hier geschlafen – es war unverändert. Sophia setzte sich aufs Bett und hing ihren Erinnerungen nach, als ein Geräusch sie aufschrecken ließ. Es klang wie … Oh nein, das konnte nicht sein! Dieses Geräusch kannte sie auch von früher. Ein metallisches Klopfen klang im Raum, scheinbar aus den Rohren des Heizkörpers kommend.

Sophias Herz schlug schneller. Die alten Gefühle krochen wieder in ihr hoch. Sie hatte es als Kind oft gehört und war immer sehr erschrocken. Doch die Tante hatte es scheinbar nicht oder nicht mehr gehört. Die Erklärung damals war, dass die alten Rohre immer wieder seltsame Geräusche von sich gaben, wenn sich die Heizung einschaltete.

Erneut klopfte es. Dreimal hintereinander. Das konnte doch nicht die Heizung sein, die war sicher abgeschaltet wie auch der Strom. Um sich zu vergewissern, betätigte Sophia den Lichtschalter – richtig, kein Strom. „Ist die Heizung vom allgemeinen Stromnetz getrennt und läuft noch?" Sophia musste das nachprüfen, außerdem musste sie den Strom einschalten, es dämmerte bald draußen und sie brauchte Licht.

Mit gemischten Gefühlen ging sie wieder hinunter zur Kellertür. Wieder der Lufthauch.

Tief durchatmend öffnete sie die Türe und ließ sie weit offenstehen, vom Flur fiel so noch ein bisschen Licht in den

Keller. Den Lichtschalter stellte sie auf „ein", damit nachher gleich alle Lampen leuchteten. Wo der Sicherungskasten war, wusste sie noch von früher und so ging sie die Treppe hinunter. Doch auf der fünften Stufe hatte sie das Gefühl, als hätte sie eine Mauer aus Luft vor sich, die sie nicht weitergehen ließ. „Alles Unsinn", schimpfte sich Sophia und lief gegen den gefühlten Widerstand die letzten Stufen hinunter.

Da konnte sie auch schon schemenhaft den Sicherungskasten sehen, genau ihr gegenüber. Entschlossen öffnete sie ihn.

Tck – Tck - Tck! Wieder das Klopfen – direkt neben ihr! Das konnte nicht die Heizung sein, denn die war auf der anderen Seite des Kellers und hier verliefen keine Rohre.

In diesem Moment fuhr ein Windstoß an Sophias Gesicht vorbei und ließ die Kellertüre mit einem lauten Knall zufallen. Ihr Herz begann zu rasen und ihr wurde schlecht vor Angst – da half alle Vernunft nicht mehr. In der fast greifbaren Finsternis tastete sie nach dem Hauptschalter, als aus der Wand direkt daneben ein grüner Punkt aufleuchtete, der schnell größer wurde. Der erste Gedanke war, die Treppe hinaufzulaufen und so weit wie möglich davonzurennen. Doch Sophia war wie gelähmt, sie konnte sich nicht mehr rühren, der Verstand setzte aus.

Das metallische Klopfen wurde lauter und lauter – unerträglich laut. Sie wollte sich die Ohren zuhalten, denn es drang wie Hammerschläge in ihren Kopf. Und dann herrschte plötzlich Stille. – Totenstille! Ihr Herzschlag setzte eine Sekunde aus, als der grüne Punkt sich schlagartig ausdehnte, wie eine Kugel in der Luft schwebte und sich zu einem schemenhaft verzerrten Gesicht formte, das direkt auf sie zukam und sie aus leeren Augenhöhlen anstarrte.

„Wer bist du? Was willst du?", rief sie, all ihren Mut zusammennehmend.

Keine Antwort! Während der Mund der gespenstischen Erscheinung ein lautloses Wort zu formen schien, das sie nicht verstehen konnte, kam das Gesicht bedrohlich näher. „Nein! Geh weg! Tu mir nichts!", schrie Sophia, fuchtelte wild mit einem Arm in der Luft herum, während sie mit der anderen Hand den Stromschalter zu ertasten versuchte. Ihre Starre hatte sich gelöst und ihr Verstand schaltete sich wieder ein. Abermals versuchte der Geist Worte zu formen, doch endlich hatte Sophia den Schalter ertastet und legte ihn um.

Zusammen mit der aufflammenden Beleuchtung löste sich ein unheimlich kreischender Laut aus dem unwirklichen Mund und die Erscheinung verschwand.

Zitternd und kaum fähig sich zu rühren, sank Sophia auf den Boden und starrte auf die Wand.

Früher hatte davor ein Regal gestanden, in dem Tante Johanna Vorräte gestapelt hatte. Deshalb war ihr diese Wand nie aufgefallen. Jetzt, im Licht der Beleuchtung, sah sie, dass diese Wand so gar nicht zu den anderen Wänden im Keller passte. Es waren dafür völlig andere Steine verwendet worden als für den Rest der Kellermauern.

Langsam erholte sich Sophia von dem Schrecken und das Zittern ebbte ab. Was sollte sie tun? Das hier war ganz und gar nicht in Ordnung. Irgendetwas Ungewöhnliches musste hier sein! Auch wenn ihre Vernunft ihr sagte, dass es keine Geister gebe – eine besondere Energie musste das Erlebte ja schließlich ausgelöst haben!

Kurz entschlossen lief sie die Treppe hinauf und über den Hinterausgang in den Garten zum Nachbarn. Herr Drechsel arbeitete immer noch in einem Beet und wandte sich gleich seiner jungen Freundin zu. „Franz, ich muss dir etwas erzählen! Es ist unglaublich, was mir gerade passiert ist!", überfiel sie ihn regelrecht.

„Na, nun mal langsam! Du bist ja vollkommen aufgelöst! Komm ins Haus und setz dich erst einmal." „Nein, keine

Zeit", unterbrach ihn Sophia und erzählte hektisch von der Geistererscheinung und der seltsamen Kellerwand.

Franz Drechsel kratzte sich ungläubig das Kinn. Er kannte Sophia und wusste, dass sie nicht einfach irgendwelche Storys erfand. Er erinnerte sich aber auch an die Ängste der *kleinen* Sophia und wie sie immer wieder über seltsame Geräusche und Gefühle erzählt hatte. Aber das?

„Na gut. Da wollen wir doch mal sehen, was da los ist", meinte er in väterlich beruhigendem Ton, packte zur Sicherheit eine Spitzhacke und ging mit Sophia zurück ins Haus.

Aus der offenstehenden Kellertüre kam ihnen ein eiskalter Lufthauch entgegen. „Hui, das hat aber tüchtig ausgekühlt. Das ist ja ein richtiger Eiskeller, so ganz ohne Heizung!", murmelte er vor sich hin und betrat die Treppe.

Sophia war – fast – wieder die Alte. Ihre Vernunft gewann die Oberhand und so sagte sie nichts dazu und folgte Franz.

Doch auf der gleichen Stufe, auf der Sophia die Eiseskälte gespürt hatte, blieb auch der Nachbar stehen. Sie hörte ihn heftig ein- und ausatmen. „Ja, da ist irgendetwas! Ich spüre es, so wie du es beschrieben hast. Das kann einem ja wahrlich das Fürchten lehren! Also, lass uns nachsehen!", brummte Franz und ging entschlossen die Treppe nach unten direkt auf die Mauer zu.

Im hellen Kellerlicht konnte er sehen, was Sophia geschildert hatte: Die Mauer passte nicht zu den anderen Wänden, sie schien unsachgemäß hochgezogen worden zu sein und der Mörtel war bröselig.

Als der Nachbar sich zu Sophia umdrehte, um ihre Meinung zu bestätigen, war wieder das Klopfen zu hören und aus Richtung der Wand fuhr ihnen ein Luftzug entgegen, der noch deutlich kälter war, als sie vorher gespürt hatten. Klopfen und Luftzug schienen direkt aus der Mauer zu kommen.

Kurz entschlossen packte Franz die mitgebrachte Spitzhacke fest in beide Hände und schlug zu.

Ein, zwei, drei Schläge, da verhakte sich die Spitze in dem bröseligen Mörtel, mit einem Ruck riss ein großes Stück aus der Mauer, und unter einem markerschütternden Schrei rollte ihnen ein menschlicher Schädel entgegen.

***

Einige Monate später stand Sophia wieder vor dem Haus und wartete auf Kaufinteressenten. Die Polizei hatte es nach langen Ermittlungen freigegeben. Der Mörder des Vorbesitzers – um niemand anderen hatte es sich bei dem Skelett gehandelt – war ermittelt worden. Es war der vermeintliche Neffe, der jahrzehntelang als scheinbar unbescholtener Bürger in einer nahen Großstadt wohnte und nun als alter Mann doch noch zur Rechenschaft gezogen werden konnte.

„Siehst du, Tante Johanna, ich hatte als Kind doch recht gehabt mit dem Geist. Und jetzt kann der alte Herr endlich seinen Frieden finden", sagte Sophia leise vor sich hin und lächelte.

Da schoben sich zwei Sonnenstrahlen durch die Wolken und fielen auf das Haus, das wie erlöst von innen heraus zu erstrahlen schien.

***

(Der Luftzug und das Klopfgeräusch waren wohl dadurch entstanden, dass sich hinter der falschen Mauer ein alter Lichtschacht ohne Fenster befand und so einzelne Windstöße von außen durch die löchrigen Fugen blasen und die Knochen in Bewegung bringen konnten. Doch die Lichterscheinung konnte niemand plausibel erklären.

Weihnachtszeit

Von drauß vom Walde …

Es war wieder einmal so weit. Der 6. Dezember stand vor der Tür und wie jedes Jahr in der Nacht davor würde Nikolaus auch in dieser Nacht unsere Stiefel mit Süßigkeiten füllen.

„Aber mein Stiefel ist so klein, da passt ja gar nichts rein", jammerte mein um zwei Jahre jüngerer Bruder.

Ich musste ihm recht geben. Die Stiefel eines Vierjährigen boten wirklich nur wenig Platz. Und meine eigenen waren nicht viel größer. Also überlegten wir, wie wir zu größeren Stiefeln kommen könnten. „Ich nehme einen Stiefel von Papa und du den von Mama", flüsterte ich.

„Das ist aber gemein. Papas Stiefel ist viel größer als der von Mama", maulte mein Bruder.

„Ich bin schließlich auch größer als du", erklärte ich ihm.

„Aber merkt der Nikolaus das nicht?", fragte er, nachdem wir die Stiefel nebeneinander vor die Kinderzimmertür gestellt hatten.

„Der Nikolaus ist ein alter Mann, deshalb sieht er nicht mehr so gut. Nein, das merkt der nicht. Außerdem kennt er uns doch gar nicht", beruhigte ich ihn.

„Ihr müsst diesmal keine Stiefel vor die Tür stellen, der Nikolaus kommt am Abend persönlich zu uns", klärte uns Mama lächelnd auf.

Wir blickten sie mit offenen Mündern verdutzt an. Mein kleiner Bruder hatte nicht viel zu befürchten, aber mir fielen sogleich einige Schandtaten ein, die ganz sicher in Nikolaus' goldenem Buch standen: die schlampig gemachten Hausaufgaben – seit Herbst besuchte ich die erste Klasse – die ewigen Diskussionen bei Tisch, abends erst nach eingetretener Dunkelheit nach Hause gekommen und dann die Sache mit dem Abwasch. Geschirr abtrocknen hasste ich mindestens so sehr, wie die von Mama gebügelten Taschentücher zusammenzufalten. Da gab es immer wieder Gezeter und Gemaule. Das wiederum hasste meine Mama. Und dann fiel mir siedend heiß Irene ein, die Tochter von Papas Chef, die uns diesen Sommer besucht hatte. Ich konnte diese blöde … nicht leiden, weil Mama stets darauf bedacht war, dass es ihr gut ging. Also zog ich sie so fest an ihren dicken Zöpfen, dass sie weinend zu Mama lief. Am Abend brachte Papa sie dann auf ihren Wunsch hin wieder nach Hause. Papa war ziemlich wütend und obwohl es bei uns keine Ohrfeigen gab, denke ich, dass ich diesmal ziemlich großes Glück hatte, keine zu bekommen.

„Kommt der Krampus auch?", fragte ich darum ängstlich.

„Der kommt doch nur zu bösen Kindern", versuchte mich Mama zu beruhigen, was ihr nicht wirklich gelang.

Am Nikolaustag – das könnt ihr euch sicher denken – war ich das bravste Kind der Welt. Ich half Mama, ohne zu murren in der Küche und holte sogar – obwohl ich mich stets fürchtete in den Keller zu gehen – die Getränke herauf.

Dann war es endlich so weit. Nikolausabend! Zwei Cousins waren ebenfalls mit ihren Eltern gekommen. Die Erwachsenen saßen um den Tisch, redeten, lachten und ließen sich Nüsse, Zitrusfrüchte und Mamas Plätzchen schmecken. Wir Kinder dagegen warteten gespannt auf das Läuten der Haustürklingel. Und das ließ nicht lange auf sich warten. Papa öffnete die Tür und schon hörten wir die polternde Stimme vom Nikolaus: „Grüß Gott! Hier im Haus sollen brave Kinder wohnen?"

Mein Vater bejahte und bat den Nikolaus einzutreten.

Ich glaube mich zu erinnern, dass ich den Atem anhielt, bis zu dem Moment, als der Nikolaus das Wohnzimmer betrat.

„Von drauß' vom Walde komm ich her …", rezitierte er mit tiefer Stimme, die mir dennoch irgendwie bekannt vorkam. Ich ließ meinen Blick über seine Gestalt gleiten und entdeckte die schwarzen Stiefel des Nikolauses, die nicht ganz vom roten Mantel verdeckt wurden. Hatte ich die nicht schon mal gesehen? Leider konnte ich mich nicht erinnern wo oder bei wem. Eines wusste ich genau: Der echte Nikolaus trug ganz sicher keine Stiefel mit rot-weiß gestreiften Schnürsenkeln. Während ich noch so grübelte, sprach mich der Nikolaus streng mit meinem Namen an. Wie erwartet tadelte er mich wegen meiner Hausaufgaben und erklärte mir, wie wichtig es für meine Zukunft sei, diese stets korrekt zu machen. Auch mein Trödeln beim Essen bemängelte er. Dass er davon wusste, gab mir erneut zu denken. Das Gemaule meiner Mutter gegenüber jedoch und – mir fiel ein Stein vom Herzen – Irene erwähnte er nicht. Letztendlich erhielt ich dann aber doch die begehrte Tüte mit Süßigkeiten. Erleichtert konnte ich nun die restliche Bescherung abwarten und der Stimme des Nikolauses lauschen, die sich immer wieder einmal veränderte.

Am Ende verabschiedete er sich und ging.

Kaum war er zur Wohnzimmertür hinaus, bemerkte ich seinen goldenen Stab, den er wohl einfach vergessen hatte. Ohne darüber nachzudenken, ergriff ich ihn und lief dem Nikolaus hinterher. „Nikolaus!", rief ich. In dem Moment, als er sich zu mir umdrehte, wusste ich, woher ich die rot-weiß gestreiften Schnürsenkel kannte und zu wem die Stimme gehörte, die mir immer wieder mal so bekannt vorgekommen war. Grinsend streckte ich ihm seinen Stab entgegen. Da stand er nun mit einem Bart, der unterhalb seines Kinnes hing – vermutlich hatte er ihn an der Nase gejuckt – und gönnte mir, überrascht auf mich hinunterschauend, einen Blick auf das wahre Gesicht vom Nikolaus. „Du hast den Nikolausstab vergessen …, Onkel Fred."

Weihnachten zu Hause

Schon beim bloßen Gedanken an Weihnachten erfüllt mich eine tiefe Sehnsucht nach meiner Kindheit und der wunderbaren Zeit, als die Familie noch beisammen war. Papa, Mama, meine beiden Geschwister und natürlich die Großeltern, Tanten und Onkel. Ja, bei uns war Weihnachten immer mit viel Trubel verbunden.

Ich erinnere mich an viele Weihnachtsfeste, aber mein erster Gedanke fällt zunächst immer auf dieses:

Ich war wohl fünf Jahre alt, mein Bruder erst drei und meine Schwester gab es noch nicht. Doch ich erinnere mich noch genau an diesen Heiligabend. Immer wieder lief ich voller Vorfreude in die Küche – wo Mama das Abendessen vorbereitete – und fragte zum gefühlt hundertsten Mal, wann denn nun das Christkind endlich komme. Wieder und wieder antwortete sie, dass wir nicht ständig ins Wohnzimmer gehen sollten, wo bereits der geschmückte Weihnachtsbaum stand und nur darauf wartete, dass endlich das Christkind kommen würde, um die Geschenke unter ihn zu legen. „Das Christkind will nämlich nicht gesehen werden", erklärte sie.

Also gingen wir ins Kinderzimmer, drückten unsere Nasen am eisigkalten Fenster platt und warteten ungeduldig auf das Läuten des Glöckchens, das – wie Mama sagte – läuten würde, nachdem das Christkind seine Arbeit getan hätte.

Als Papa am Spätnachmittag nach Hause kam, aßen wir zu Abend. Ich weiß noch, dass ich meinen Teller schneller als je zuvor ausgegessen habe, damit ich auch fertig wäre, wenn das Christkind läuten würde. Doch es nützte nichts, ich musste warten, bis auch mein Bruder seinen Teller leer gegessen hatte. Vater erlaubte uns dann aufzustehen und schickte uns wieder ins Kinderzimmer mit den Worten: „Habt ihr euer Zimmer aufgeräumt? Das Christkind schaut nämlich durchs Fenster. Ihr müsst wissen, es kommt nur zu braven und ordentlichen Kindern."

Das wussten wir natürlich bereits von Mama. Dennoch beeilten wir uns, um uns davon zu überzeugen, dass auch wirklich alles in Ordnung war.

Und dann war es so weit. Wir hörten das silberhelle Glöckchen und liefen los in der Hoffnung, noch einen heimlichen Blick auf das Christkind erhaschen zu können. „Ihr hättet schneller sein müssen. Jetzt habt ihr es gerade verpasst", sagte Mama mit einem Lächeln, das Bedauern ausdrückte, und schloss demonstrativ das Fenster. „Doch schaut mal, was es dagelassen hat."

Tatsächlich gab es einige Päckchen zum Auspacken. Doch ganz besonders freute ich mich über einen hellblauen Kaufladen, der mit vielen kleinen Päckchen bestückt war. In den Schubladen befanden sich Buchstabennudeln und Puffreis. Da gab es Tütchen zum Abfüllen der Waren, die ich zuvor auf der Waage wiegen konnte und in der roten Kasse lag Spielgeld.

Am Abend kam dann mit den Großeltern, Onkeln, Tanten, meinen Cousins und Cousine der besagte Trubel ins Haus. Tante Walli stellte sich wie üblich an den warmen Kachelofen und wärmte ihren Rücken.

Endlich stellte Mama auch die Plätzchen auf den Tisch, von denen wir Kinder bereits Tage zuvor heimlich genascht hatten. Nüsse wurden geknackt, Datteln und Feigen genascht und es duftete nach Orangen und Mandarinen. Wir Kinder spielten „Mensch ärger dich nicht" und „Elfer raus" und die Erwachsenen unterhielten sich. Später wurden dann die alten Lieder aus Papas Heimat gesungen – nicht nur Weihnachtslieder.

Eine halbe Stunde vor Mitternacht durfte ich mit Papa die Mitternachtsmette besuchen. Ich erinnere mich noch genau, wie überwältigt ich von dem Prunk und dem goldenen Glanz in der Kirche war. Vor allem aber beeindruckte mich der Engel, der die Ankunft Jesu verkündete.

Nach der Mette besuchten wir das Grab meines Großvaters. Obwohl ich mich als Kind auf Friedhöfen stets gefürchtet habe und niemals einen bei Nacht besucht hätte, war das in dieser Nacht ganz anders. Frieden lag über den Gräbern, auf denen in kleinen Häuschen Kerzen brannten.

***

In dieser Kirche war ich danach nie wieder, obwohl noch viele Weihnachten folgten. Inzwischen gibt es auch kein Weihnachtsfest mehr bei meinen Eltern und die Onkel und Tanten sind bereits von uns gegangen. Nun findet das Weihnachtsfest bei mir zu Hause statt mit meinen Kindern und Enkeln.

Eine Weihnachtsgeschichte

Anton schaute sich suchend um. Seit die Sonne am Horizont erschienen war, stapfte er nun schon durch den harschen Schnee, der unter seinen Füßen knirschte. Doch der Weg, der ihn zu seiner Oma bringen sollte, schien kein Ende nehmen zu wollen.

Überhaupt war heute alles so anders. Als er vor Stunden aufgewacht und wie jedes Jahr am Heiligabend nach unten ins Wohnzimmer gelaufen war, um den geschmückten Weihnachtsbaum zu betrachten, hatte es bereits begonnen – es gab keinen. Nicht einmal einen ungeschmückten Tannenbaum. Von glänzend eingepackten, mit dicken Schleifen gekrönten Geschenken ganz zu schweigen. Hatte Vater etwa vergessen, einen Baum zu besorgen? Auch der Duft nach frisch gebackenen Plätzchen war ihm nicht wie normalerweise um die Nase geschlichen. Seit er denken konnte, durfte er die zerbrochenen Plätzchen schon beim Frühstück zu seinem Kakao naschen. Seine Mutter schob sie ihm stets mit ihrem ganz besonders strahlenden Weihnachtslächeln auf einem kleinen Teller zu. Doch nicht so an diesem Morgen. Die Bewohner des Hauses schienen alle noch zu schlafen. Selbst aus dem Zimmer seiner großen Schwester, die sich üblicherweise schon in aller Herrgottsfrüh von Rockmusik zudröhnen ließ, war kein einziger Ton nach draußen gedrungen. Normalerweise hätte er schon da merken müssen, dass etwas nicht stimmte. Doch bei aller Vorfreude hatte er es wohl nicht wahrgenommen. Also war er wieder nach oben gegangen, um ins Schlafzimmer seiner Eltern zu schauen. Die Daunendecken lagen bereits aufgeschlagen in den Betten, doch von seinen Eltern hatte jede Spur gefehlt. Selbst das Zimmer seiner Schwester hatte durch deren Abwesenheit geglänzt. Nacheinander hatte er sämtliche Türen geöffnet und hineingeschaut. Auch im

Keller und in der Garage hatte er sie nicht finden können. Am Ende hatte es nur noch einen Ort gegeben, an dem er suchen konnte. Also war er noch im Pyjama mit seinen nackten Füßen in die gefütterten Stiefel geschlüpft und über den Hof zur Schreinerwerkstatt seines Vaters gelaufen. Doch die Tür war verschlossen. Frierend und zitternd, hatte

er sich entsetzlich allein gefühlt. Da Anton nicht dumm war, hatte er beschlossen, sich warm anzuziehen und zu seiner Oma zu gehen. Sie wusste sicher, was hier vor sich ging. Oma war klug. Sie wusste stets auf all seine Fragen eine Antwort. Nachdem er seine Thermolatzhose und die dicke Daunenjacke angezogen hatte, war er dann auch losgegangen.

Doch auch mit dem Weg schien etwas nicht zu stimmen. Natürlich wusste er mit seinen acht Jahren bereits, dass eine Strecke mit dem Auto zurückgelegt, schneller zu bewältigen war als zu Fuß. Darum hatte er sich auch für die Abkürzung durch den Wald entschieden. Mit Oma war er diesen Weg von ihrer Seite aus schon oft gegangen. Er kannte die Stelle ganz genau, an der sie den Wald dann stets verließen. Daher wusste er auch, wo er die Straße überqueren musste, um auf den richtigen Waldweg zu gelangen.

Inzwischen stand die Sonne bereits hoch am Himmel, doch noch immer war das Ende des Weges nicht in Sicht. Im Gegenteil, der Weg schien, statt kürzer endlos länger zu sein. Hatte er sich etwa verlaufen? Hätte er an der Weggabelung doch den linken Weg nehmen müssen? Nein, er war sicher, dass er sich auf dem richtigen Weg befand. Als er zu der Kurve kam, die er zu kennen glaubte, atmete er erleichtert auf. Nun würde er gleich das am Waldrand stehende Haus seiner Oma sehen.

Antons Enttäuschung war groß, als der Weg danach endlos weiterzugehen schien. Da! – Eine Bank! Sie stand einige Meter von ihm entfernt am Wegesrand. Jemand saß darauf. Als er näherkam, erkannte er, dass es sich um einen alten Mann handelte, der ihn fröhlich lächelnd zu sich winkte. Anton blieb stehen. Seine Eltern hatten ihn oft genug gewarnt, mit Fremden zu sprechen. Dieser alte Mann schien jedoch ganz und gar nicht böse zu sein. Im Gegenteil. Und irgendwie kam er ihm sogar bekannt vor. Vielleicht kannte er ja den Weg zu seiner Oma. Also machte er einige vorsichtige Schritte auf ihn zu.

„Komm nur näher. Ich tu dir nichts."

Die sonore Stimme des Alten und sein freundliches Lächeln verscheuchten alle Zweifel. Anton ging weiter und stellte sich breitbeinig vor dem alten Mann auf. „Weißt du wo meine Oma wohnt?"

„Aber ja, ich kenne deine Oma schon viele Jahre. Doch bevor wir zu ihr gehen", fügte er verschwörerisch hinzu, „musst du mir einen Gefallen tun."

„Einen Gefallen?", fragte Anton skeptisch.

„Ich habe vor vielen Jahren eine Kiste vergraben, in der sich ein wertvoller Schatz befindet, doch ich bin zu schwach, um sie wieder auszugraben. Würdest du das für mich tun?"

Anton nickte. „Ja, das kann ich. Aber hast du denn einen Spaten?"

Plötzlich lag neben dem Alten ein kleiner Spaten. Wo der alte Mann ihn hergeholt hatte, war dem Jungen schleierhaft, denn er hätte schwören können, dass der Spaten noch vor wenigen Sekunden nicht dort gelegen hatte.

Wie auch immer, der Alte erhob sich, reichte Anton den Spaten und führte ihn tiefer in den Wald hinein.

Als sie eine ganze Weile gegangen waren, blieb Anton stehen. Ihm war nun doch etwas mulmig zumute. Wollte der alte Mann ihn etwa entführen? War er gar nicht so freundlich, wie er getan hatte? „Nun komm schon, wir sind gleich da. Siehst du die alte Eiche?" Der Alte deutete in eine bestimmte Richtung. „Die, die dort umgeben von Tannen wie eine Königin mitten in ihrem Volk steht? Ich habe ihr vor vielen Jahren ein Geheimnis anvertraut. Ein Geheimnis, das in einer kleinen Kiste ruht, bis du sie ausgräbst. – Ja, du hast mich schon richtig verstanden. Die Kiste habe ich für dich vergraben. Du darfst sie aber erst öffnen, wenn ihr alle um den Weihnachtsbaum sitzt."

„Die Kiste ist für mich? Kennst du mich denn?"

„Aber ja."

„Wer bist du?"

Der Alte blieb stehen und deutete, ohne auf Antons Frage einzugehen, auf einen bestimmten Platz. „Hier musst du graben."

Anton tat wie ihm geheißen und schon nach kurzer Zeit stieß er auf etwas Festes. „Da ist etwas", jubelte er voller Freude und wandte sich dem alten Mann zu. „Ich hab sie gefunden."

Doch der alte Mann war verschwunden.

„Hallo!", rief Anton laut und fügte enttäuscht schmollend hinzu: „Ich hab die Kiste gefunden. Und du wolltest mir doch den Weg zu meiner Oma zeigen."

Aber der Alte blieb verschwunden. Anton grub die Kiste aus. Als er den Schmutz entfernt hatte, konnte er sehen, dass es sich um eine Metallkiste handelte, die mit wunderschönen Ornamenten verziert war. Schon wollte er sie öffnen, da fiel ihm ein, um was ihn der alte Mann gebeten hatte. Er sollte sie erst öffnen, wenn alle um den Weihnachtsbaum sitzen würden.

„Anton, Anton, was ist denn heute mit dir los?", vernahm er plötzlich die liebevolle Stimme seiner Mutter, die ihn sanft an der Schulter rüttelte. „Wenn du nicht endlich aufstehst, verpasst du den ganzen Weihnachtsmorgen." Anton rieb sich den Schlaf aus den Augen und schaute seine Mutter fragend an. Hatte er etwa alles nur geträumt? „Heut ist Heiligabend. Los, mein Schatz, raus aus den Federn."

„Ich hab gerade einen komischen Traum gehabt, Mama", sagte er, während er aus seinem Bett rutschte.

„Ach, der hat dich also daran gehindert aufzustehen. Was hast du denn geträumt?"

„Was ...? Oh! Hab ich vergessen."

Nachdem Anton sich angezogen hatte, ging er an Irinas Zimmer vorbei, aus dem laute Rockmusik nach außen drang. *Wie immer,* dachte er und ging nach unten. Bereits auf der dritten Stufe kroch ihm der süße Duft von gebackenen Plätzchen in die Nase. Der Weihnachtsbaum stand geschmückt im Wohnzimmer. Allerdings lagen nur wenige Geschenke darunter. – Das war anders. Er vermisste das große Paket, in dem sich sein größter Wunsch, die Polizei-Kommandozentrale von Playmobil, befinden musste. Und das dazugehörige Polizeiauto befand sich doch ebenfalls in einem größeren Päckchen. *Vielleicht hatte Mama noch keine Zeit, es einzupacken.*

Der Tag zog sich schier endlos dahin. Doch als es zu dämmern begann, läutete jemand an der Tür. Anton wusste, das konnte nur seine Oma sein. Endlich würde es Abendbrot geben und danach war Bescherung.

Mit langen Gesichtern saßen er und Irina auf dem Sofa. Weder er noch sie waren mit den Geschenken beglückt worden, die sie sich so sehr gewünscht hatten.

„Es tut uns leid, Kinder. Die Geschenke fallen in diesem Jahr etwas spärlich aus, aber es geht nicht anders", sagte sein Vater betrübt. „Im letzten Jahr gab es weniger Aufträge und das Geld, das ich verdient habe, reicht gerade so zum Leben. Da müssen wir jetzt gemeinsam durch. Ich hoffe ihr versteht das. Nächstes Jahr wird es sicher wieder besser."

„Anton, ich habe noch etwas für dich", sagte seine Oma und reichte ihm ein Päckchen. „Die Kiste ist von deinem Opa. Er hat mich gebeten, sie dir an irgendeinem Heiligabend zu geben, an dem ich denke, dass der richtige Zeitpunkt gekommen ist."

Gespannt riss er das Papier ab. Zum Vorschein kam, er konnte es kaum glauben, die Kiste, von der er geträumt hatte. Er dachte an den alten Mann und seine Worte. Ja, es saßen alle um den Weihnachtsbaum und somit durfte er ihr Geheimnis lüften. Gespannt öffnete er sie, um gleich darauf mit enttäuschter Miene festzustellen, dass sie leer war. Doch dann geschah plötzlich etwas Seltsames. Winzige bunte Funken blitzten auf, sprühen hervor und tanzten wie befreit durch die Luft. Das Gefühl der Enttäuschung löste sich auf wie frühmorgendliche Nebelfetzen und machte einem anderen Platz. Einem, welches sich wie ein wärmender Schal um seine Schultern legte. Und als er in das von Bedauern gezeichnete Gesicht seiner Mutter blickte, danach in das betrübt blickende seines Vaters und das vor Enttäuschung schmollende seiner Schwester, wurde er tief in seinem kleinen Herzen von einem glückseligen Gefühl überwältigt, das er nicht beschreiben konnte. Seine Oma lächelte. „In diese Kiste hat dein Opa all seine Liebe zu dir, deiner Schwester und deinen Eltern gepackt. Er wollte dir damit sagen, dass Geschenke, die man kaufen kann, nicht wichtig sind. Das einzig wahre und auch das schönste, habt ihr alle bereits erhalten. Anton, weißt du welches Geschenk er damit meinte?"

Anton nickte. „Wir haben uns. Und solange wir zusammenhalten, geht es uns gut", sagte er und während er seinen Blick zum Fenster schweifen ließ, erinnerte sich an den alten Mann in seinen Traum.

Meine Gedichte

Ich bin kein Goethe und kein Schiller, doch mitunter
fallen mir Wort zu, die ich aufschreiben muss.

Die Ewigkeit

Ich sah die Ewigkeit – erst gestern Nacht,
ein Ring aus gleißend Licht gemacht –
ein stiller Raum voll heller Pracht.

Und ringsumher tanzt die Zeit.

Seit Stunden, Tagen, Jahren,
ist sie mit mir durchs Leben gefahren,
hält unter ihrem warmen Mantel meine Welt umhüllt,
in der sich alles Sein erfüllt.

Herzschmerz

Heut´ spürte ich einen scharfen Stich in mein Herz,
er tat so weh – dieser Schmerz.
Wie ein Sturz aus Wolkenkratzerhöh´,
ich bemerkte nicht, wie´s geschah – ich fiel …
Und plötzlich war mir bewusst:
nie hab ich mich bemüht, nie meine Zeit genutzt.
Schreien wollt ich: „Halt mich fest, bleib bei mir.“
Doch mein Mund blieb stumm.
Oder hörtest du mich?
Nein, du gingst – drehtest dich nicht um.

Lass mich gehen

Lass mich gehen, wenn ich gehen muss,
wenn mein Weg ein anderer ist als dein Weg.
Gestern traf ich die Entscheidungen über mein Leben,
heute ist es immer noch mein Leben,
doch die Entscheidungen triffst du und sie sagen,
du musst sie tragen.
Nein, hab keine Angst,
längst hab ich die Last dir abgenommen.
Geh deinen Weg und lass mich meinen gehen.

Fenster

Ich schau aus dem Fenster und denke an dich.
Dir Geliebte sein – du für immer mein,
deinen Gedanken und deinem Herzen ganz nah.
Das erblickte ich, als ich aus dem Fenster sah.

Flügel der Fantasie

Auf den Flügeln der Fantasie reiste ich
in das Land meiner Träume
und war glücklich.
Doch der Tag kam, an dem sie mich nicht mehr trugen,
der Tag, an dem ich meine Kindheit verlor.
Die Jugend trat an ihre Stelle.
Doch kaum hatte ich sie lieben gelernt,
ließ sie mich allein.
Sinnlos der Versuch, sie halten zu wollen.
Die Jugend mit ihrer spritzigen Leichtigkeit,
mit der sie mich kurze Zeit
auf meinem Weg begleitet hat.
Ein anderer wurde mein Begleiter,
hielt mich in seinen Fängen.
Der Ernst des Lebens selbst.
Doch nun, am Ziel des Weges angekommen,
dünkt mir, die Flügel sind wieder hier.

Für meine Mutter

Danken dir –
ich wusst´ nie wie –
für all die Liebe,
als ich nicht liebte,
für dein Vertrauen,
als ich nicht vertraute,
für all dein Geben,
als ich nur nahm,
für dein Bemühen,
als ich mich nicht bemühte.
Du hast aus mir gemacht,
was ich heute bin –
selbst Mutter,
nur eins im Sinn,
das zu geben,
was ich selbst empfing.

Der erste Kuss

Wie war das noch beim ersten Mal?
War es nicht unglaublich und doch so banal?
Welche Frau könnte es nicht versteh'n,
haben wir es doch so oft im Kino geseh'n.
Küsse von Bogart, von Rhett Buttler in „Vom Wind verweht",
wurden solche Filme nicht für uns Frauen gedreht?
Mein erster Kuss – ich erinnere mich noch genau –
mir war im Magen ganz flau,
wild pochte mein Herz gegen die Rippen,
doch fast von allein öffneten sich meine Lippen.
Ha! Und immer wieder lassen wir Frauen uns darauf ein,
denn so ein Kuss muss einfach sein!

Und noch ein Kuss

Mein ganzer Körper steht in Flammen,
Blicke, die mich an deine Seite bannen.
Von Kopf bis Ende großer Zeh,
wie ich jetzt so vor dir steh,
ein Kribbeln im Bauch und Leere im Kopf.
Rauschen und Sausen,
Lachen und Weinen,
steh nicht mehr auf meinen Beinen –
schwebe durch den Raum.
Ist das nur ein Traum?
Was für ein Stuss, es war doch nur ein Kuss.

Weitere Bücher der Autorin

Wenn die Schatten länger werden

ISBN: 9783735794253

Tanz mit mir

ISBN: 9783746099279

Der Glücksfall

ISBN: 9783748189589

Gegen alle Vernunft

ISBN: 9783750498990

Ich habe dir vertraut

ISBN: 9783749453290

Sodbrennen

ISBN: 9783732299676

Blutsbande

ISBN: 9783749449477

Der Geist des Hexenjägers

ISBN: 9783750428744

Die Rache des Hexenmeisters

ISBN: 9783750462335

Morgen hast du mich vergessen

ISBN: 9783756211760

Das Brautkleid

ISBN: 9783757879082